U0568996

做内心强大的教师

教师常见心理困惑解析

著／ 杨敏毅 王震

中国人民大学出版社
· 北京 ·

图书在版编目（CIP）数据

做内心强大的教师：教师常见心理困惑解析／杨敏毅，
王震著.—北京：中国人民大学出版社，2017.1
ISBN 978 - 7 - 300 - 24182 - 1

Ⅰ.①做…　Ⅱ.①杨…　②王…　Ⅲ.①教师心理学
Ⅳ.① G443

中国版本图书馆CIP数据核字（2017）第024221号

做内心强大的教师——教师常见心理困惑解析

杨敏毅　王震　著

Zuo Neixin Qiangda de Jiaoshi —— Jiaoshi Changjian Xinli Kunhuo Jiexi

出版发行	中国人民大学出版社	
社　　址	北京中关村大街31号	**邮政编码**　100080
电　　话	010 - 62511242（总编室）	010 - 62511770（质管部）
	010 - 82501766（邮购部）	010 - 62514148（门市部）
	010 - 62515195（发行公司）	010 - 62515275（盗版举报）
网　　址	http://www.crup.com.cn	
经　　销	新华书店	
印　　刷	北京华宇信诺印刷有限公司	
规　　格	720 mm × 1000 mm　1/16	**版　　次**　2017年3月第1版
印　　张	13.5　插页1	**印　　次**　2023年11月第10次印刷
字　　数	200 000	**定　　价**　39.80元

版权所有　　侵权必究　　印装差错　　负责调换

▌CONTENTS ▌目 录

第二辑　智慧地绕过人际险滩

第三辑　愿你被生活温柔相待

第四辑　拥抱不完美的自己

推荐序

教师从事的是一项以生命影响生命的事业，如果自身的能量已然枯竭，何来鲜活的积极的正能量去影响学生？我们经常在这样的逻辑关系下思考教育——当今迅猛变迁的时代，竞争异常激烈，竞争的根本在于人才之争、教育之争，那么，这个逻辑关系的下一环将是优质的教育者之争。有人将现代教师的素质归纳为思想道德素质、业务水平素质、心理素质、审美素质以及教师的人格。肩负人才培养重任的教师是教育活动的直接实践者，他们的内心是否强大，既关系到能否促进学生的健康发展，也关系到能否维护自身的幸福人生。

传道、授业、解惑的教师，期待自己能成为知识的传播者、学生的示范楷模、孩子们的朋友。但在新形势下，我们该如何面对学生依然保持从容和自信？

身为人师，同时也为人父母、儿女、丈夫或妻子，多重角色的要求使教师承受了巨大的压力，而来自各方面的外部要求和自身的内在要求，又使教师犹豫着如何做出抉择。

教师从对本职业探索并逐渐认同的年轻时代，步入年富力强但承受中坚之累的中年岁月，再迈入优势凸显但劣势同样显现的老年时光，该如何给出自己独特的但是坚定的回应？

这是一本好书，是由正高级心理健康教育教师杨敏毅老师与她的合作者王震老师共同完成的教师心理干预案例集。全书从自我发展、人际互动、协调生活和自我接纳等四个维度，去回应教师心理发展的困惑。读者可以在自助学习中透过表象看清问题的本质，并在间接的学习中得到启迪。

我长期在高校从事心理健康教育与咨询工作。2012 年，上海学生心理健康教育发展中心成立，我得以有机会与普教系统的专业人员在大、中、小学一体化的视角下协同工作，结识了很多优秀的同行。杨敏毅老师、王震老师等普教系统的领军人物以勤奋、卓越的工作造福于学生、教师和家长们，现在能有机会为她们的这本新作写序，我感到很荣幸。还是用我喜欢的一句话结束本文吧——鞋磨破了，路还要继续走下去。

张海燕

2017 年 1 月 6 日

（本文作者为华东政法大学教授、上海学生心理健康教育发展中心副主任、教育部普通高等学校学生心理健康教育专家指导委员会委员）

第一辑　优秀到不能被忽视

别让别人的评价左右自己

一天中午吃饭时，我接到了一个电话，电话里传来带着哭腔的声音："老师，我不知道该怎么上公开课了。我的压力真的好大好大……"这是一位名叫梅欣（化名。本书涉及的人物姓名均为化名）的教师打来的求助电话。从她轻轻的、怯怯的声音中，我初步判断这是一位教龄不长的年轻老师，简单安慰她后，和她预约了周末下午做心理咨询。

周末下午，梅欣如约而至，梳着一个简单的马尾辫，上身穿休闲 T 恤，下身穿牛仔裤，脚穿运动鞋，乍一看和刚毕业的大学生没什么两样，但从相貌上看，她应该年纪不小了，神情有点疲惫，看起来有几天没有睡好觉了。她有些拘谨地在我面前坐下了。

"你工作几年了？"我问。

"今年是第十年了。"她想了一想说。

"那应该算是一位老教师了。"但我从她的举手投足中确实看不出她已经有十年教龄了。

"就是因为这个我感觉压力好大啊！"

"什么时候要上公开课啊？"我问。

"就是下周三。"她的眼圈一下子红了起来，声音也有些颤抖。

"这是一堂什么性质的公开课，会让你如此焦虑？"

"是教学大奖赛。这次我们学校初赛有两位老师出线，我是其中一位。"她停顿了一会儿，继续说，"还是先说说我的经历吧，若不把前因后果说清楚，您可能很难理解我的压力。"

我微笑地点头，示意她继续往下说。

"我是学生物的，大学毕业以后，在一所完全中学当初中的科学老师。校长经常去听其他学科新教师的随堂课，但我的课他只听过一次，他的意思是他充分相信我的能力。"说到这里，她停了下来，然后慢慢地说了一句，"可能就是这个原因，我的课堂一直没有受到过很正规的指导，都是靠我自己细细琢磨，慢慢积累出来的。"

"那么，你对自己的课堂表现有没有信心呢？"

"刚开始，我对自己很没信心，因为我讲课声音比较轻，对学生的态度也不凶。学生觉得我比较好欺负，在课堂上常常不守纪律，我的嗓子也常因疲劳而沙哑。慢慢地，我有了经验，知道学生喜欢什么、他们的问题在哪里，于是我备课的内容会根据学生的需要而定。因为我设计的问题和讲课的话题是学生感兴趣的，所以，学生总算是被我吸引过来了。随着教龄的增长，我对课堂的把控能力越来越强，对自己也越来越有信心。学校举行校级青年教师大奖赛，大家评价我的教学风格为'学院派'。"

"看来，你是一位研究型的教师，那你接受大家对你的评价吗？"

"我觉得这是对我比较高的评价了。在区里组织的教学方案大奖赛、小论文评比等活动中，我都获得了比较好的成绩，这就更确定了我'学院派'的教学风格了。"她笑着说。

"那现在你的教学风格受到挑战了？"我问。

"是的。去年我离开了工作九年的学校，到一所九年一贯制的新学校当科学老师。刚来的时候很不适应，但渐渐地，我觉得小学老师那种能唱会跳的活泼风格很吸引孩子，值得我学习。"

"那么，换学校对你这次要上的公开课有什么影响呢？"

"学校领导非常重视这次的公开课，他们前前后后给我磨了四次课。每一次磨课后，领导都提出了很多修改建议，结果是我找不到自己的设计思路了。"

"他们给了你哪些建议呢？"

"他们觉得我的课堂气氛不够活泼，因此，校长建议在导入环节增加唱歌和跳舞的内容。"

"那你试讲下来感觉效果如何呢？"

"第一次试讲下来的效果很不好，我在唱歌的时候，觉得自己脸上的肌肉都是僵硬的。接着，其他领导又提出了新方案，既有形式上的改变，又有内容上的增删。因为科学这门课学校没有成立独立的教研组，所以，提建议的都是其他学科的领导。"

"我明白了，你觉得他们提的很多建议与本学科的相关性不强，对吗？"

"是的。有很多条建议是互相矛盾的。如果我接受这条，不采纳那条，好像很对不起帮我磨课的领导们，所以内心既纠结又痛苦。"

"我不知道我这样理解是否准确，你觉得这次公开课好像不是你上课了，在你的身体里住着很多人，他们有不同的风格，也有不同的想法，且都有一定的道理，但他们都想借助你的身体表达出来。"

"被您这么一说，好像是这么一回事。"梅欣似乎明白了一点。

"你以前遇到过这样的情形吗？"我问。

"没有。"她很肯定地说，"这是我入职以来最受关注的一次公开课。以前在老学校时，最多就是教研组长来听听罢了。但是，这次有那么多的领导来听我的试讲课，那么重视我，我觉得这次出去比赛，代表的就不是我自己了。如果我完全按照自己的想法参加比赛，假如成绩不好，就无法向领导们交代了。"

"梅欣，撇开这次公开课，你是怎么评价自己这十年来形成的教学风格的呢？"

"如果不是公开课，我对自己的教学和管理还是很有信心的。我的课堂气氛虽然不是很活跃，但是孩子们很专心。平时在课外，孩子们也很愿意与我交流。不论是小学生还是初中生，都愿意到办公室与我说话。有时，他们并没有学科上的疑问要问，只是想找我聊聊流行音乐、喜欢的明星，等等。"

"看得出来，你本来就有很多让学生喜欢的特点，那么，在你眼里，好的公开课应该是什么样的？"我把话题转回到公开课上。

她想了一想，说："我喜欢别人来听我的随堂课，这种课堂很真实，也没有很多压力。来到新学校以后，我的随堂课我们校长听过很多次，她很肯定我的教学风格，这次就是她力荐我参加教学比赛的。但我没有想到压力会这么大，我最担心到时候突然脑中一片空白，不知道说什么了。"

"你认为好的公开课就应该是真实的，而不是表演性质的，对吗？"

"对！"梅欣很肯定地点了点头。

"你入选比赛的教学方案的设计风格是怎样的呢？"

"您是说初赛的方案吗？那是我一贯的风格，比较理性的那种。"

"既然这样，为什么不在决赛的时候坚持你自己的风格呢？"

"您是说，我不用听领导的建议吗？"

"当然不是。十年的教学经历让你逐渐形成了自己的教学风格，对于他人的建议，仅仅用拿来主义，必然会和自己的风格形成很大的冲突，所以会让你感觉到上课像表演一样。"我看见她在点头。

"我明白了，您是要我重新梳理一下他们给我的建议，然后以我自己的教学设计和风格为主体，用他们的建议来改进我的设计，而不是替代我的设计，对吗？"

"梅欣，你不愧是一位有十年教龄的老教师了，这次大奖赛其实是你的一次自我突破，祝你能获得好成绩！"

[聆听手记]

教师成长有以下几个阶段：第一个阶段是学习模仿阶段，刚刚走上讲台的新教师，他们的目标是站稳讲台；第二个阶段是发展提高阶段，新手教师在向熟练教师转化，这个阶段的教师已经初步掌握了教学的基本常规，渐渐形成了自己的教学风格，但是这种风格还不够稳定，梅欣老师就处在这个阶段。有些教师会在这个发展阶段停滞下来，进入专业发展的"高原期"。能不能在这个阶段有所突破，要看教师是否有勇气挑战自己的舒适圈，不断地进行自我突破。如果能够度过"高原期"，教师就进入了专业发展的第三个阶段，创立并逐步形成自己稳定的特色和风格，从而成为他人学习的榜样，并向专家型教师发展。

工作没有成就感，走还是留

这天，我在学校参加校庆活动，遇到了办公室主任严竟老师。他正忙前忙后、有条不紊地接待来宾，处理各项事宜。这不禁让我想起了五年前他来做心理咨询时的事。

那时，严竟在学校工作已经 10 年了，工作成绩还不错，生活也比较稳定。他对我说他有点迷茫，希望通过做心理咨询了解自己的潜能。

"那你能说说自己目前的工作状况吗?"我问。

"就目前的工作来说，我应该很满意了。大学毕业以后，我就在学校里当美术老师，慢慢地也就适应了学校的工作节奏。在专业发展上吧，我带的学生在各项比赛中拿奖拿到手酸，被同伴们戏称是'获奖专业户'，我自己因此也获得过一些荣誉，算是区里的骨干教师，并顺利地评上了中级职称。在行政上，我被提拔为学校的团队干部，算是升职了吧，虽说是学校里最小的行政干部，但也有那么一点成就感。不过，最近我总在想一个问题——我这辈子是不是就只能做老师了呢?我感觉自己好像和老师这个行业绑定了一样，有时候早上醒来，忽然会产生一种危机感，如果哪天我不做老师了，我还能做什么呢?"他眼神迷茫地看着我。

"为什么会有这样的想法呢?"

"前段时间特别累，学校要参评市里的一个大项目，全体行政班子不停地加班，连家也顾不上。孩子正好生病，妻子对我颇有怨言:'你一个做老师的，又不是什么大老板，怎么还能忙成这样呢!'我一下子觉得自己的工作特别没有价值，于是就有了辞职的想法，我想过更自由的生活。"严竟说这话的时候，眼神中充满期待。

"就因为这件事动了辞职的心思吗?那你对'自由'的理解是什么呢?"

"我倒不是觉得自由就是轻松，不用干活的意思。"他眯起眼睛，仔细地想了想说:"其实我工作还是蛮拼的，不然，带的学生也不会获得那么多奖。只是我觉得，作为一个男人，如果不能够按照自己的心意工作，怎么能够从工作中获得成就感呢？"

又是一位希望能在工作中追求"诗和远方"的年轻人，十年的工作经历会让人进入职业发展的"高原"状态，确实需要寻求一个新的突破点来增强职业的新鲜感了。

"你的意思是说，你目前的工作让你缺少了成就感？"

"有那么一点点。"严竟仔细想了一想说，"刚进学校的时候，领导对我没有什么特别的期待，所以也没有布置特别的任务，于是，我成立了一个美术社团，带着学生做有关美术欣赏、人文素养方面的课题研究。几年下来，这个社团很受学生欢迎，每次招新人都需'秒杀'报名。我们社团做的课题在学生研究性课题大赛中还获得了一个特别奖，没有哪个美术社团能获得一个研究型的大奖，为此社团也被评为上海市的'明星社团'。"谈到成绩的时候，他的自豪感溢于言表。

"这么说起来，做这个社团的团长你还是蛮有成就感的。"

"是的。那个时候带社团、做课题，也没有什么加班费或者课题经费。有时候，我带学生出去写生或者做调研什么的，还要自掏腰包给学生买吃的。但那个时候，就是感觉很快乐，学生也挺崇拜我的，我感觉自己挺有价值的。"他的脸上露出了自信的神情。

"你一直在说'那个时候'，是不是说在现在的工作中，再也找不到当初那种感觉了呢？"我把问题带到了当下。

严竟有点犹豫地说："现在我刚被提为了团队干部，开始做一些管理工作了，领导对我说：'现在不是要你自己带社团，而是要你组织大家带社团。'可能是这个地方出了问题吧，我一下子就觉得很不自由了。比如，以前我带学生说外出就外出了，也没有人来管我；现在就复杂多了，不仅我自己要向学校领导打申请报告，要给学生家长写知情同意书，还要管其他社团的事情，如果其他社团出了点事，校长也要批评我……"说到这里，他情绪有点激动，"唉，其实这些也不是最重要的，关键是我觉得自己的热情没有了，何苦要自己去找一些麻烦事呢？不让外出就不外出呗，还乐得省心！只是觉得挺没劲的，突然觉得自己的人生怎么就这么单一，一个工作一做就是十年，如果再不动一下，这辈子可能就没有机会动了。"

"这么说来，你对自己的新岗位不是很有信心？"我追问。

"是的。事实上，我还有一件更烦心的事。我这个团队干部的职务也不可能做一辈子吧，那么接下来，还能做什么呢？按照基本的升职路线来说，下一个职位应该是政教主任，可是，一想到我们政教主任做的那些烦心事，我就更没有信心了。"

"除了升职，你还想过做什么呢？"

"我想过辞职，出去创业。"他顿了顿说，"我是学美术的，有好几个同学在广告公司做事。我喜欢做设计，希望我设计的东西能为更多的人带去快乐，就像我带领学生做课题那样。其实，我们中国人的美术素养有很大的提升空间。老师您说，如果我辞职去广告公司，是不是会有更好的发展？"

如果他已经有了明确的答案，就不会来找我咨询了。"你现在担心的是什么呢？"我问。

"我只是担心，在学校里待久了还能不能适应外面的节奏呢？"

"事实上，你担心的并不是节奏的问题。工作十年了，不管你是在学校还是到外面发展，你都不能仅仅从你自己的兴趣出发了，你需要带领团队，需要关注任务的目标是什么。去广告公司做设计也一样，如果你仅仅关注自己的设计，而忽略了客户的需求，你会产生更不自由的感觉。另外，就像你自己说的，刚进学校的时候，学校领导对你没有什么特别的期待，但是，随着你的成长，领导对你的期待也会更多。如果是辞职到广告公司，也是一样，公司对你的期待和新人不一样。"

"您的意思是说，我现在的迷茫和困惑，并不是因为工作本身没有意义，而是因为我的能力不足，缺乏带领团队的能力，是吗？"他沉思了很久，抬起头，慢慢地对我说。此时，他看起来很沮丧。

"你原来的角色像一名运动员，运动员的任务是完美地执行教练的策略。但现在你是教练了，却还在用运动员的思维行动，因此，你就遇到了瓶颈。"我一边分析，一边肯定他意识到了问题所在。

他若有所思地点点头。

"如果明白了自己的差距在哪里，你有怎样的打算呢？"我一边问，一边在白纸上画了两个栏目，在左边的栏目里写下了"我的不足"，在右边的栏目里写下了"我的策略"几个字，然后把纸递给他。

严竟仔细地思考了一下，在"我的不足"一栏下面写下了"对任务目标的关注不够；对教师的需求关注不够；对项目的前瞻性发展关注不够"；在"我的策略"一栏，他写下了"需要和学校领导多沟通，听听他们对社团发展的想法是什么；需要和带社团的老师多沟通，听听他们的兴趣和困难是什么；需要和拓展课的教研员多沟通，听听社团项目的前瞻性发展有哪些"。

当他把写好的纸递给我的时候，他的脸上露出了自信的笑容。事实上，他到我这里来，不是没有答案，而是需要有一个人来肯定他的想法。对他来说，未来的几年，职业对他的挑战就是提高组织协调能力和管理能力。

此刻，他虽忙碌但不失稳重的身影，告诉了我他的答案。

[聆听手记]

如果你感觉工作遇到了瓶颈，不知道哪里才是真正的突破口，那么辞职、跳槽可能是很快就会冒出来的念头。但是，辞职只是暂时离开了让你感觉不舒服的地方，跳槽后如果从头做起的话，那么不久后困扰你的那个瓶颈问题还是会再次出现。所以，勇敢地直面自己的问题，才是真正突破职业瓶颈的解决之道。

在职业发展的初级阶段，我们往往会比较关注由自己的兴趣所带来的职业成就感，而随着年龄的增长，尤其当我们需要挑战组织协调能力和管理能力的时候，责任和担当或许是助推我们职业成长的最重要的动力了。

方向不对，越努力越困惑

一天中午，我在心理咨询室值班，随着一阵急促的敲门声，一位身材魁梧的成年人出现在我眼前，他肤色黝黑的脸上写满的是——焦虑。

"哦，是王教练，请进！"我一边招呼他，一边纳闷："体育教练找我会有什么事？"于是，待他坐定后我主动问："找我有事吗？"

"老师，我真想不通，他们为什么会变成这样？我不知道下一步该怎么办。"他边说边摇头叹气，一脸无奈和憔悴。看得出来，他近来一定心烦不安、焦虑失眠、痛苦失落……

通过交谈，我初步了解了王教练过去的经历和目前的状况。半年前，他从外省作为人才被引进到上海，在学校担任田径队主教练。他是一位具有丰富带队（中学生田径运动队）经验，并且成绩斐然的"金牌教练"，曾获得大大小小的奖章、荣誉证书无数。这些既是他引以为荣的证明，也是他今天困惑的缘由。

他有过辉煌的昨天，更想有灿烂的明天。他是带着光环和憧憬开始新学校的教练生涯的。他给自己设定的目标是——带出市级、国家级的金牌选手，希望培养出能够参加奥运会的选手。

来校半年后，现实给了他怎样的答案呢？他每天起早摸黑地泡在运动场上，一心一意地扑在学生身上，希望学生尽快出好成绩。但"这些孩子不知怎么了，贪吃——体重大增；贪玩——成绩大跌；贪自由——违纪事件屡屡发生；贪轻松——不听从指挥。面对这些孩子，我采取了加大训练量、减少自由活动时间、控制饮食等措施，可是他们的运动成绩不升反降，还出现了对抗情绪。我真不知道他们是怎么了"。

听完王教练的叙述，我提出了一个问题："看来你对学生的现状很不满意，心里也非常着急，但你仔细想过没有，你究竟想得到什么？"

"我想得到学生的好成绩。"他很快做出回应。

"对一个教练来说，最大的愿望是学生能够取得好成绩。但如此急切地希望学生取得好成绩的背后，是否隐含着更深层的原因？"我的问题使他陷入了沉思。

"你来上海的学校工作的动机是什么？"我问。

"我当时想，如果从家乡的沙土跑道上能够训练出市级、省级冠军，在上海的塑胶跑道上一定可以培养出全国冠军，甚至奥运冠军，那么我的教练生涯一定会添上更光辉的一笔。我就是抱着这样的想法来到上海的。"

"当时你考虑了较多有利的因素，而忽视了激烈的竞争和残酷的挑战等不利的因素。像你这样的年纪（53 岁），要跨出这一步，确实需要顶着巨大的压力，付出较大的代价。半年过去了，你还保持原来的想法吗？"我问。

"虽说想法没有发生太大的变化，但感觉理想与现实差距极大。这些天我常常失眠，找不到答案，好像迷失了方向。"他自言自语地说。

王教练面对理想与现实的冲突，感受到了梦想不能实现的焦虑。从表面上看是担心学生成绩，其实真正担忧的是，对选择来上海正确性的质疑，也是对自己教练生涯的反思。

我想让他明白，他目前出现心理困惑的真正原因是自己，而不是学生，改变现状应从改变自己的认知开始。

我与王教练一起学习了心理学家马斯洛提出的需求层次论，了解了人因为有安全的需求，所以守望相助；因为有归属的需求，所以组织社团、经营家庭；因为有尊严的需求，所以力求表现。人在需求逐级得到满足，逐级提升后，就出现了自我实现的需求。

我又向王教练提出了一个问题："学生的成绩真的是一塌糊涂的吗？半年时间，你想让学生达到怎样的目标？这些目标对学生来说，是否合理，需要调整吗？"

"现在想来，我对他们的要求确实有点高。我急于求成，想用他们的成绩，印证自己选择来上海的正确性；想用他们的成绩，回报家人为我做出的牺牲；想用他们的成绩，让不理解我的人找到答案。看来，我真是为了自己而苛求学生，怪罪学生了。"

"除了感觉学生成绩不理想令你产生焦虑不安的情绪外，还有其他原因使你感到不开心吗？"我问。

"处理同事之间的关系也比较难。我每天起早摸黑地加大运动员的训练量，在别人看来，是野蛮训练。我觉得他们是妒忌我，所以很不开心。"他不好意思地说出了这一点。

"除了工作，家里情况怎样？"

"别提了，妻子跟着我受罪了。原来在老家的时候，她生活舒适、安定。现在我们还没有一个固定的住处，生活上很不方便。她常唠叨来上海图个啥？咳，我觉得挺对不起她的。"他带着无奈和内疚的语气说。

在为王教练做心理辅导期间，我找他带的队员做了一番调查。他们对王教练的看法非常一致："他好像变了个人似的，让我们看不懂，我们觉得与他隔得很远。在训练中他对我们非常苛刻，甚至残酷。每次比赛前，他对我们不是鼓励，而是挖苦和讽刺，想通过伤害我们的自尊心，来刺激我们出成绩，即所谓的'激将法'。但我们心里明白，这是不可能的。队员与教练之间缺乏尊重、理解和支持的氛围，队内的气氛让我们感到窒息般的压抑。"

由此我已经清楚，王教练产生焦虑的原因不仅有学生的成绩、人际交往和家庭压力，还有他对个人生涯目标的困惑。他处于重重矛盾之中，确实需要整理思路，澄清需求。

一周后，我为王教练做了第二次心理咨询。

"在原单位，你处于一个'金牌教练'的地位，领导认可你，同事羡慕你，学生尊敬你，家长信赖你，你犹如在顺风中跑步，既快又轻松；今天你换了新的工作环境，目标变了，学生变了，竞争对手也变了，你犹如在逆风中跑步，不快还费力。你自己是否有过这样的心理准备？"

此时的王教练心情开始平静，思考问题也趋于理智。"面对意想不到的残酷挑战，我的情绪由急躁变为焦虑。对未能达到自己的预期目标的原因，我错误地归因为学生的贪吃、贪玩、贪自由、贪轻松，所以使自己迷失了方向。自己较多考虑的是成功后会带来什么，而忽视了失败时该怎样面对，没有真正搞清自己的人生需求是什么。"

面对一大堆奖牌和荣誉证书的"战绩"，王教练平静地说："奖牌只能说明昨天，我应该从头开始。但难啊……"他的语气中还缺少自信和力量。

从遥远的东北来到上海，人生的需求究竟是什么？在我的提醒下，王教练对自己做了一个"生涯规划探索"，回顾了他生涯发展的各个阶段：大学毕业后的10年里，发奋努力，为成功奠定了坚实的基础，是成长和探索阶段；接下来的10年，鲜花、掌声和荣誉伴随，是建立和发展的阶段；来上海前的10年，可以说是功成名就，是维护和延续阶段；到上海工作的10年，本该是厚积薄发和创新阶段。想要与时俱进，必然要接受时代的挑战，因此遭遇困难和挫折是无法避免的。昔日的成就只能是工作的资本，应该调整心态，应对新挑战。

经过几次心理辅导后，王教练逐渐恢复了平静和自信，行动也渐趋理智和坚定。一个月后的一天，我在学校运动场上见到王教练，只见他精神抖擞地跑在学生们的前面，脸上洋溢的是自信的笑容。他真诚地对我说："谢谢你！我明白了自己的人生需求。"

[聆听手记]

从这个咨询案例中，我们看到，王教练从外地来到上海，由于生涯目标确定不合理，归属和尊重需求未能得到满足，所以在工作和生活压力较大的情况下，出现了心理困惑。盲目自信、错误归因，使他迷失了方向而陷入困境。面对社会发展和竞争压力，假如没有足够的思想准备和应对策略，人往往会走入理想与现实的冲突中而不可自拔，久而久之，很可能会出现生涯发展的停滞或倒退。

随着身心特质的发展，生涯目标不是"一体成型"和一成不变的，而是"边走边改"。个人生涯发展会受到外在情境、历史因素以及个人内在生理与心理等因素的影响，要允许自己随时澄清生涯期望。在生涯规划探索中，王教练终于明白了自己的人生需求——尊重和自我实现。

你又不是活给别人看的

殷音老师是心理学专业的优秀毕业生。本科毕业后，她作为心理老师被招聘到学校里。因为学校的英语老师紧缺，校长让她负责一个班级的英语教学工作，同时兼任心理老师，还让她协助学校团委书记做一些工作。

殷音很聪明，也很努力。这几年，她在英语学科的教学比赛中获得过市级二等奖；在心理学科的教学比赛中，获得过市级一等奖；在大队辅导员培训班中是优秀学员；在青年教师演讲比赛中获得一等奖。总之，殷音将各项任务都完成得相当出色。

可是问题来了，今年已是殷音工作的第四年了，她觉得，自己既要承担英语教学工作，又要做班主任，兼任的心理老师的工作量也一年比一年多，自己的精力已经到了极限，难以应对这么多工作了。

英语学科的师傅告诉她，学校决定推荐她做区英语学科重点培养对象的候选人；政教主任告诉她，大队辅导员是培养干部的摇篮，好好干前途无量；区心理教研员告诉她，她的专业背景是心理学，成为专职的心理教师才是本位。殷音遇到了职业发展该何去何从的难题，所以，带着迷茫与焦虑的心情前来咨询。

殷音对我说："从小到大，爸爸妈妈都是这样教导我的：'别人给你布置任务，说明他信任你，只有好好干才对得起别人的信任。'因此，一直以来，我要求自己努力完成别人交给我的所有任务。当我出色地完成了任务之后，在获得各方赞誉的同时，我也收获了成就感。"

"假如你能认真、出色地完成领导交给你的所有任务，并乐在其中，这就不存在问题了，但今天你来寻求帮助，在你内心深处是否有不同的声音在起冲突，让你感到了困惑？"我提出了问题。

她点着头说："是的。面对越来越多的工作任务，面对学科师傅、政教主任和区心理教研员的期望，我很困惑，不知道该听谁的好。"

"你感到很困惑是因为你觉得他们说的都有道理，因此，你最大的困惑是，自己的职业生涯该由谁来掌控。"

这个问题把她问住了，她很长时间没有说话。于是，我换了一种方式问："那么你觉得，这些岗位是谁安排你做的，是你自己选择的吗？"

"不是，都是校长安排的。"

"是不是校长可以掌控你的职业生涯呢？"

"是，也不是，"她想了想说，"校长常常对我们年轻老师说：'我不知道你们擅长什么，因此我会让你们多做一些事，这样可以看到你在哪些方面有潜能。'"

"对啊。校长为了学校的发展，遵循的就是安排适当的人做适当的事的原则，自然能者就会多劳一点啦。从这个角度上看，校长确实能掌控你的职业生涯。那你说的'不是'又是指什么呢？"

"因为校长的所有安排都是经过我同意的。我爸妈也是赞同的，我一直很听他们的话。"

"那么你目前的状态，是不是也是你爸妈希望的呢？"

"这倒不是。他们希望我的工作能稳定一点，轻松一点，所以，我选择了教师这个职业。但从目前的状况来看，他们也很困惑和担心，认为我忙到连谈朋友的时间都没有。"

"你的梦想是什么呢？"我换了话题问。

她思考了一会儿说："我只是希望自己能成为一个有用的人：对学生来讲，做能帮助他们的好老师；对学校来说，做能为学校争得荣誉的好老师。"她停了一停，带点调皮地补充道，"对爸妈来说，做能让他们感到自豪的好女儿。"

"这么说来，事实上，你并没有自己的规划，而是一直被他人规划着？"

殷音愣住了，长时间不语，似乎在思考我的问题。

殷音这个所谓的"好孩子"，一直以来都在努力地成为他人期待的优秀的人，而常常丢失了自我的追求与目标。

"事实上，你的职业生涯被很多人规划着，只是你自己还不知道。"我把话说得更加直接，"有这样一类人，他们很聪明也很努力，因此在职业发展的前三年，他们会做得很好，很快就能脱颖而出，进入职业的复赛阶段。

但是，这类人最大的问题在于，他们看似什么都能做，但过多的选择让他们无法专注一项工作。因此，对这类人而言，最大的挑战不是职业的初赛阶段，而是复赛阶段。因为初赛阶段的主要任务就是努力做好上级布置的任务，而在复赛阶段，选择比努力更重要，需要定位自己的天赋和资源，需要对自己有合理的规划，需要懂得坚守与放弃。"

"老师，您是说我就是这类选手，对吗？"她带着疑惑的神情望着我，"我怎么知道自己的选择是对还是错？"

"这就是这类人面临的最大困惑。通常他们能力很强，实力很棒，但是一旦遇到挑战，他们或许会对自己说：'这个不是我真正喜欢的，如果当初我选的是那个，或许会更好。'于是，他们就会纠结。"我停顿了一下，以确定她是否在认真地听我说，然后，我慢慢地一字一句地说，"你要得越少，你的力量就会越聚焦。如果你什么都想要，或许什么都拿不到。"

"那么，我该如何确定我选择的就是我想要的呢？"殷音皱紧了眉头，看得出来，她对这个问题充满了疑问。

"这正是你需要思考的地方，以下三个问题或许对你会有所启发——我要什么？我能做好什么？两者的结合点在哪里？"

"我要什么？"她仔细地想了想说，"我就是要做一个好老师、好女儿。"

"'好女儿'不是职业的问题，我们可以把它去掉。在你的心目中，好老师的标准是什么呢？"

"好老师应该有一个专业的标准，我希望我在专业上能得到发展和他人的肯定。"

"好，那第二个问题是关键——我能做好什么？如果把这个问题具体化，又可以细分为以下几个小问题：我的天赋是什么？我的能力是什么？我的个性是什么？我的资源是什么？"

过了好久，她才慢慢地说："我感觉我的个性很不鲜明，不知道自己喜欢什么。很多时候，我不是喜欢了才选择的，而是选择后才慢慢喜欢的。"

"好吧，那就把'个性'去掉，因为你觉得这不影响你的职业选择，那么，你的天赋、能力和资源是什么呢？是否更多地要从你的专业背景来考虑呢？"

"您是说，英语不是我的专业背景？"

"所以，接下来就是第三个问题——两者的结合点在哪里？即哪个领域能把你的天赋和能力发挥到最大值？"

"我明白了，若是我想在英语学科上有发展，我就必须继续进修英语；若是我选择做心理老师，就可以把我的心理专业背景理解成我的天赋和能力，而我的资源就是学校领导对心理工作越来越重视，而且，这个岗位相对来说竞争的人会更少一点，对吗？"

"好的。若是你想好了你要选择的领域，那么，为了未来的发展，你还要考虑以下五个问题：第一，这个领域将来的发展前景如何？第二，成为这个领域的专家有什么发展要求？第三，在这个领域做得不错的程度大概是什么样的？第四，这一领域最大的困难是什么？第五，这一领域的回报和价值有哪些？"

我一边说，一边把写有"发展、要求、程度、困难、回报"这五个关键词的纸递给她。她仔细地看着这些词，想了一会儿说："老师，谢谢您，我找到思考这些问题的方向了。"

[聆听手记]

每个人在职业发展的路径中，总会遇到选择和被选择的问题，那么怎样才能做到"我的职业生涯我做主"呢？当你遇到选择困难的时候，不妨用以下三个问题来问一下自己——我要什么？我能做好什么？两者的结合点在哪里？在职业的初始阶段，我们可以在被选择的过程中逐渐明晰"我要什么"；在复赛阶段，就要明确"我能做好什么"，这个"做好"，不是指一件事情，而是指一个领域，所以，你必然要把你自己的能力和这一领域的发展结合起来考虑。因此，"我的职业生涯我做主"不是一句空话，选择必然面临舍弃，你要得越少，你的力量就会越聚焦。如果你什么都想要，或许什么都拿不到。而任何一项工作，你只要能做到人群的前20%，都是好的选择。

为何教不好小学生

从名校毕业的周镌，应聘到一所小学当了一名英语老师。她很喜欢当老师，也喜欢孩子，加上拥有英语专业八级的水平，所以，对自己胜任小学英语老师这份工作，充满自信。学校为她安排了专业指导师傅。一开始她对师傅还是挺尊重的，但自从听师傅上了几堂课之后，她觉得师傅的业务水平并不高，口语发音没有自己标准，还不能全程用英语教学。她自从在青年教师课堂技能比赛中获得了一等奖之后，对师傅的指导就显得不以为然了。

周镌认为自己教育理念新，专业能力强，天生就是一个好老师的料，搞定一群小朋友应该没有问题。但事实是，她所带班级学生的英语成绩却并不好。一开始周镌觉得，学生们的成绩有升有降纯属正常，没想到连续两年所带班级学生的成绩排名都处于年级末位，与师傅所带班级学生的成绩相比，平均分更是差了 8 分之多，为此她走进了我的心理辅导室。

"我真的搞不懂，这帮学生是怎么学的。"周镌一进门就开始抱怨。

我给她倒了一杯水，请她慢慢说。

"学生们在课堂上表现积极，思维敏捷。我能感觉到他们很喜欢我。不是说，学生喜欢哪个老师就会连带喜欢那个老师所教的课吗？那他们为什么学不好英语呢？"她不解地问。

"你觉得原因可能会是什么？"我请她自己先思考。

"他们很粗心，明明都是懂的，但到考试时，不是这儿丢分，就是那儿失分，总拿不到高分。学生的成绩很不均衡，年级第一名在我们班，年级倒数第一名也在我们班。"

"那你是否想过，为什么你师傅所带班级学生的英语成绩会比较好？"

她愣了一下，回答："我也觉得奇怪！说心里话，师傅的课堂教学气氛一点也不活跃，学生们上课闷闷的，很没劲。假如让我在这样的课堂学习，我肯定会讨厌英语课的。师傅上课就是靠一支粉笔、一张嘴，既没有视频素材也没有 PPT 展示，采用的完全是早被淘汰的教学方式。"

"周镌，其实你心里在想，自己所教学生的成绩，没有理由比师傅所教学生的差，对吗？"

"就是啊！"她脱口而出，但马上感觉不好意思地吐了吐舌头说，"刚开始学生成绩不好，我一点都不着急。因为我觉得师傅采用传统的教学方法，产生的效果可能是短暂的，而我的学生一定会随着学习兴趣的提升逐步提高成绩，并最终超越师傅所带学生的成绩。但是，现在两年过去了，两拨学生的成绩差距越来越大，这让我很困惑和担心。"

"你觉得一个能把孩子教好的老师，需要具备哪些能力呢？"

"您这是考我吗？"她笑了，"我们新老师好辛苦，每个周末都在参加各种各样的培训，不就是为了成为一个好老师吗？"她一边扳着手指一边说，"信息技术培训中学到的方法，什么微课、翻转课堂、游戏化学习，我都用到英语教学中啦！这样的课堂很吸引学生，学生的参与度很高。我明显感觉到，我班学生的表现力很强，不少老师都喜欢在我班上公开课。"

"学习兴趣的确是学习的原动力，但是，学习光有原动力就够了吗？有没有学生会在你的课堂上偷懒呢？"

"这个问题我倒是没有仔细想过，"她看着我说，"不过您倒是提醒了我，在游戏化的课堂中，那些外向的、愿意表现的学生得到了充分练习的机会。但是，我不能保证每个学生都能得到充分练习。因为游戏化的课堂不仅知识容量少，而且教学进度难以保障。看似热闹的课堂背后，自学能力不强的学生可能收获不多。"

她进入了自我分析的阶段，我想让她的分析再深入一步。"那么，我们再来看看你师傅的课堂，你觉得师傅在教学方面有哪些可取之处？"

周镌歪着脑袋仔细想了很久，然后慢慢地说："师傅的课堂气氛虽然沉闷，但的确比较注重对学生基础知识的教学和基本技能的训练，但这不会加重学生的负担吗？"

看得出来，她好像有点不服气。"那你是不是觉得，你的活泼的课堂教学方式与你师傅沉闷的课堂教学方式是背道而驰的？"我追问。

"是啊！难道不是这样的吗？"她反问我。

"难道它们不是彼此促进，而是非此即彼的关系吗？"

"这样说来，好像也不是。"她自言自语。我没有马上回应，想让她慢慢思考。

"我比较注重提升学生的表达能力和激发他们的学习兴趣，可能忽略了基础知识的练习，所以，我的学生在这个方面的得分明显低于师傅所教的学生。"

"你有没有想过，师傅有哪些方法是值得你学习的呢？"

"师傅对学生要求比较严格，要求学生默写的课文、单词，必须做到百分之百地过关，这个我没有做到。我总觉得，语言会用就可以了。"

"那师傅是怎么做到的呢？"

她撇了撇嘴，有点不屑地说："还不是绑架家长，这算什么呢？"

"具体说说看。"

"其实这是我最不想做的，老师的专业性体现在哪里？"

"那你认为，教师请家长参与教学管理的过程，就会使教师失去了职业的专业性？"我用心理咨询中的对质技术①来引发她思考。

她顿了一顿，然后缓缓地说："我原来觉得挺有道理的事情，被您这样问了之后，好像就不合理了。"

我笑了笑，对她说："答案确实没有对和错的区别，而是怎样做更合适。"

"那您的意思是说，我也应该把家长资源用起来？"

我笑而不语。

"我可以不采用师傅对待家长的那种方式让家长参与教学，但我可以用自己的方法让家长参与进来。还有，虽然我不喜欢师傅让学生死记硬背单词的方式，但我要让学生明确背单词是一件很重要的事，用我喜欢的方式让学生把单词记得更牢、更准！另外，如果我的学生真的有竞争力，那么他们不仅需要有素质，更需要有能力！素质教育的目的，应该是提升学生的综合竞争力。"

---

① 对质，指心理咨询师要明确指出来访者身上的矛盾之处，促使来访者直面自己的问题，动员自身的能量，为自身的长远利益，向更深刻的自我认识和更积极的自我改变迈进的技术。

"周镌，我们来总结一下：今天讨论的问题，其实就是关于一个好教师需要具备哪些素质的问题。从学术的维度上来说，教师的素质结构需要有以下几个部分。"我一边说，一边在纸上画了一张表。

维度	职业理想	知识水平	教育观念	教育教学监控能力	教育行为与策略
得分					

"如果每个维度的得分都按 1—5 评分，那么你在这五个维度上给自己打多少分？"

她认真地想了想，然后分别写上：5、5、5、3、4，然后说："我明白了，虽然我有很好的专业水平，职业理想和教育观念也不错，但搞不定学生，教不好英语，是因为过多地专注于教育行为与策略，而忽略了对学生学习行为的监控。换句话说，只关注了自己的输出，而没有关注学生的输入，因此，学生们的输出成绩就表现不佳了。"

周镌绝对是个聪明的年轻人，她已经找到了问题的症结所在。我需要做的事情，就是让她在分析的基础上找到解决问题的方法。

[聆听手记]

很多行为，不能简单地用对和错来区分，更多的时候要从合理、合适的角度来看待。有的青年教师年轻气盛，认为自己在专业和技术上占优势，比较关注自己的教学行为。当新、旧两代人的教育观念和教育行为产生冲突的时候，双方需要看到对方的长处，从而来弥补自己的不足。

教师的职业要求是，教师不仅要"肚中有货"，还要"手中有法"，会骑马的人并不等于会教人骑马，拥有英语专业八级水平的老师却教不好小学生，是完全有可能的。先进的教育理念需要通过良好的教育手段来实现。教师只有将传统教学方法与现代教育手段相结合，才能最大限度地提升教育效果。

选择能发挥你能力的那所学校

王璐大学毕业以后，在家人的安排下，进入了区内一所重点中学当了语文老师。刚进学校的时候，她觉得挺自豪的，每当有人问到她在哪里上班的时候，只要一提到校名，她总能从对方的眼神中看到敬佩和羡慕之情。

但是渐渐地，她感觉有点不对劲儿了，重点中学的工作并不像她当初想象的那样具有挑战性。或许是因为学校里的人才太多，或许是因为家人的关照，领导只安排她担任一个班级的教学工作，收入自然比其他骨干教师少了很多，但是比起外校同行的收入应该还过得去。

因为工作负担不重，空余时间就比较多，王璐不安现状的想法冒了出来，总觉得自己的才能没有机会展示，能力也难以得到提升，内心的不安慢慢地变成了心虚。尤其是这次期中考试，教研组长让她担任高一语文试卷的出题人，结果试卷中出现了多处明显的错误。教研组长虽然没有直接批评她，但她看教研组长的眼神似乎在说："到底是凭关系进来的，能力一般，水平不佳。"

王璐在这所学校看不到自己的发展机会在哪里。因为是重点中学，新招聘的教师不是研究生学历，就是名牌大学毕业的"学霸"，而她只是一个普通的师范生，如果没有家人的安排，凭她的实力是不可能进入这所学校的。刚进校时的优越感被一天浓似一天的不安代替，她想尽早离开这所学校，但去哪里又觉得一片迷茫，于是来找我。

"你想过到哪里去吗？"我问。

"我想到别的学校试一试。"她无力地说。

"那你想过怎么试呢？"

"我想过，但这也是让我烦心的事情。我爸知道了我的心思后，又开始帮我联系其他学校了，如果是这样的话，那和我在这个学校有什么区别呀！"她焦虑地说。

"所以，你想自己去应聘。"

"是的。"她停顿了很久，然后缓缓地说，"我给很多学校投了简历，可是，基本上石沉大海了。"她低下头，躲开了我注视的目光。我看到，泪水已经盈满了她的眼眶。

"'基本上石沉大海'，那你的意思是说，还是有学校给你回复的?"

"是的。"她抬起头说，"有一所民办学校给我发来了面试邀请函。"她边说边从包里取出面试邀请函递给我看。

发出邀请函的学校是一所地处郊县的民办学校，生源主要以流动人口的子女为主，在我的印象里，这所学校的生存状态有点艰难。

"我去面试过了。"她兴奋地说，"这所学校和我以往接触过的学校很不一样。学校的校舍很破旧，学生们的学习条件也很艰苦，感觉和现在的学校不在一个时代。如果不是亲眼看到，我都不能相信，在今天的上海，居然还有这样的学校。校园的操场上有一个布满铁锈的滑梯，还有一些在电影里才看到过的铁质的攀爬架。校长说，这些器材都是一些公立学校重建的时候淘汰下来的。但就是在这样的校园中，我却看到了一幅生机勃勃的画面，孩子们在阳光下奔跑，嬉戏。您知道吗，在重点中学的校园里，学生要么坐在教室里刷题，要么就是玩手机，我们的操场比他们的不知道漂亮多少，但只是一个摆设而已，学生使用得很少。就算是体育课，集体活动结束以后，学生就跑到阳光照不到的地方各自玩去了。"王璐说到这里，眼睛开始放光。

"我给他们上课，这是我第一次感觉被学生需要，他们好像从来都没有见过老师会这样给他们上课!"

"你觉得在那里，你有存在的价值。"

"是的。"她肯定地回答。

"那你的决定是什么?"

"这就是我为难的地方。我爸妈知道我去应聘民办学校的事很生气，他们说这样的学校说关停就关停，说合并就合并，根本是没有前途的，说我是身在福中不知福。"

"那你觉得他们的话有道理吗?"

"也许他们说的是对的，也是为我好。都说人往高处走，但不知为什么，对于他们给我安排好的生活，我就是感觉不开心。"

看得出来，王璐是一个在糖罐里长大的乖宝宝，从小生活在父母的庇护下，没有经历过大的挫折。如果她一直按着父母给她安排的方式生活，这一辈子或许都会比较平静、安逸。但问题是，她是一个活生生的独立的个体，对自己的职业，她有自己的需求，只是她还不太清楚自己要的是什么。于是，我想与她一起讨论：在职业生涯发展中，她最看重的是什么。

"你认为，什么样的工作算是有发展前途的呢？"我提出第一个问题。

"我觉得，有发展前途的工作，能让我的能力得到提升，在工作中能够不断地成长，而且会有成就感，工作的环境和氛围都不错，同事之间是能互相支持的。"她思路清晰地回答。

"那你希望提升的能力具体指什么呢？"我提出第二个问题。

"我的价值能不断得到提升，这个价值不仅仅是指工资，还指我有存在的价值、被人需要的价值。"她再次明确地回答。

"现在的这份工作和民办学校的工作二者之间你纠结什么？"我提出第三个问题。

"现在的这份工作，最大的价值就是轻松，收入也可以，周围的同事都是优秀的人才，平时也能接触到一些高端的人脉。如果这份工作是凭借自己的实力拿到的话，应该是一份无可挑剔的工作。但在这里，我感觉自己永远没有出头的机会。而在民办学校，薪水比现在会低一点，环境也比现在差很多，但是，我的自我价值会高很多，而且我觉得，校长对我的到来也是充满期待的。"王璐客观地分析了两所学校的差异，也明确了自己在两所学校中的存在感与价值。

我把写了一些选项的纸递给王璐看，选项包括经济报酬、职业发展空间、同事和团队关系、稳定性、社交关系等，然后问她："哪个是你真正想要的？"

她有些犹豫不决。

"在这些选项中，有些选项是有冲突的，你选择了这个，就意味着要放弃那个，你会如何割舍？"

从小到大，王璐所有的事情都被父母安排得妥妥的，她非常渴望能为自己做一次选择，不管结果是好还是坏。

填完选项后，她显得安心多了。她知道自己要的是什么，不管是留在目前的学校，还是去民办学校，她都不想成为父母光环照耀下的一个影子，而是希望能自己决定自己的生活，更重要的是，希望用自己的能力来赢得别人的认可和尊重。对一个职场新人来说，起步太高未必是好事，年轻人从基层做起，可以一步一个脚印，逐步走向事业的顶端。

一个月后，王璐再次来到了我的心理咨询室。这一次，她一改之前的羞怯之态，主动告诉我："我选择了辞职，去民办学校就职。这个选择让校长和很多同事对我刮目相看，但更重要的是，我爸妈完全支持我的决定。爸爸的那句话'有志气，这才像我的女儿！'给了我挑战自我的勇气和开创未来的力量。"

"为你能够走出自我发展的第一步'点赞'。"我带着微笑对她竖起了大拇指。

[聆听手记]

对一位初入职场的年轻教师来说，什么样的工作状态是理想的呢？有的人常挂在嘴上的职业标准是——离家近一点，工作轻松一点，工资高一点。但是，这"三点"真的能让人感觉到职业幸福吗？如果没有感觉到幸福，那么，你就需要问自己：在职业中最看重的是什么？或许选择的结果不尽如人意，但是有选择一定会比一味地抱怨更好。能接受自己选择的结果，并能适时地做出调整才是有意义的行为。

作为家长，要明确的是，孩子的成长过程就是一个逐渐离开父母的羽翼庇护，独立面对生活的过程。这个过程就像当初孩子学走路的过程，他们会跌倒，会受伤，但是，这就是成长。对于孩子的选择，家长能做的，就是帮助他们更好地看清他们最看重的东西，然后，祝福他们勇敢地去追求他们想要的生活。

如何面对戴面具的自己

某天，我应邀为某区的见习教师做培训，培训的主题是"今天，我们如何当教师"。还没等我开讲，就听到几位青年教师笑嘻嘻地说："昨天你们如何当教师？今天我们如何当教师？明天他们如何当教师？"我对这几位思维活跃的青年人认真地说："对我们每个人来说，如何当教师确实是一个永恒的话题。"

进入互动交流环节时，一位年轻的女教师说："我是今年刚入职的新教师，因为学的是教育心理学，所以，在学校既当心理老师又当初一年级的班主任。工作两个月后，我发现自己的两个角色很难统一。在学生面前，自己像是戴了两副不同面具的人。"我肯定了她提出了值得探讨的有价值的问题，但出于时间及隐私的考虑，建议她转为个别面谈。

两天后，女教师到心理咨询中心找我。她自我介绍说："我叫赵美，在学校既是心理老师又是班主任，所以工作量很大，感觉很辛苦。心理老师和班主任的角色冲突，让我感到难以适应，心累比身累更痛苦。"

听完赵老师的介绍，我深切地感到，多种角色的冲突不仅影响了教师专业定位的准确性，而且影响了教师专业发展的积极性。所以，对赵老师来说，目前遇到的困难不仅是工作忙碌导致身体疲劳，还可能是在工作中无法找到存在感和成就感导致的困惑。

进入心理咨询程序后，我首先提出的问题是："你是如何进入目前这所学校的？进入该校后自己是否满意？"

"我是通过应聘进入学校的。因为我是外地户口，能留在本地工作令我感到很欣慰，所以，一开始时我是兴奋而满意的。"她清晰地回答。

"开始是满意的，那现在呢？"

"说实话，期望与现实有较大的差距，现在内心有失落感。"她的表情变得严肃起来。

"能具体说说你的失落感吗？"

　　她沉默了一阵，似乎在整理自己的思路。"我是名校毕业的心理学硕士，进入一所初中工作不是最理想的就业结果，但因为能满足在本地工作的愿望，内心也就接受了。本想在心理专业方面做出点成绩，但领导安排我担任初一年级班主任，每天有忙不完的事，根本没有时间做心理专业方面的工作。初一的学生活泼好动，个别学生还调皮捣蛋，我耐心地、温和地对待他们，他们就变本加厉，甚至因行为出格而违纪。因为缺乏班级管理的经验，所以我每天累死累活地干也没有好结果，年级组长几次找我谈话。她语重心长地对我说：'小赵啊，对学生严格要求、严厉管理是必须的。你用心理学中的尊重、理解、接纳的方式是行不通的。时间长了，你就会看到后果，到那时遭到家长投诉，你就知道后果的严重性啦！'面对班级的现状，回想曾经的教育憧憬，我感到困惑和无助，甚至后悔选择了这所学校……"

　　"我能理解你此时的心情，无奈、迷茫和委屈让你感到不安、焦虑和痛苦。我们是否可以来梳理一下情绪，看看问题究竟出在哪里？"我启发性地提示她。

　　"好的。"她认真地点头。

　　我拿出一张白纸，请赵老师在纸上分别写出目前最困扰她的三个问题。

　　大约过了十分钟，她交出了写有困惑的白纸。纸上写着：困惑一，是否该继续留在本校工作？困惑二，如何才能有效地管理好班级？困惑三，两副"面具"如何统一？

　　接下来我们共同探讨如何逐一解决这些问题。

　　针对困惑一，我请赵老师把一张白纸对折再对折，要求她在左上方写出自己继续留在本校工作的有利之处，在左下方写出继续留在本校工作的不利之处；在右上方写出立刻离开本校的有利之处，在右下方写出立刻离开本校的不利之处。

　　赵老师写出了以下答案：

　　继续留在本校工作的有利之处：确保自己在本市工作，并让自己的工作经历保持连续。

　　继续留在本校工作的不利之处：无法摆脱难以胜任的班主任工作，无法做专职心理教师。

立刻离开本校的有利之处：不再受这帮学生的"折磨"，没有压力，心情会轻松。

立刻离开本校的不利之处：重新找一份工作会有难度，有可能失去在本市工作的机会。

"从你的利弊分析中，可以看到两个关键问题——本市工作与担任班主任。你内心的意愿是既能在本市工作，又不用承受班主任的工作压力，对吗？"我分析道。

"嗯，理想确实如此，但现实好像不能同时满足。"她无奈地说。

"既然不能同时满足，那我们是否可以改变条件来修正结果呢？"

"什么条件？"她快速地问。

"条件既可以是外部的，也可以是内部的。有一段经典的话，也许对你会有启发：'你改变不了环境，但可以改变自己；你改变不了事实，但可以改变态度；你改变不了过去，但可以改变现在；你不能左右天气，但可以改变心情；你不能选择容貌，但可以展现笑容；你不能预知明天，但可以把握今天。'思考一下：在你的困惑中，自己可以改变的是什么？"

"留在本市工作是我想要坚持的目标。只有尽快适应环境，胜任工作，才是我能够留在本校工作的基础，也是我留在本市工作的保障。"

"你的答案是否已经明确，自己愿意继续留在本校工作？"我严肃地问。

"是的，但如何克服当下的困难呢？"她在解决第一个困惑后，又迟疑地问。

"好，我们一起来看看你的第二个困惑吧。对一个班主任来说，要高效地管理好班级，需要具备以下三方面的能力——以师德表率赢得学生的敬意；靠尽职精神获得学生的信任；用管理水平取得学生的认同。新教师缺乏工作经验，与老教师相比，在班级管理中容易事倍功半，那你是否想过有什么办法可以突破困境？"

"我是否应该找个师傅，恳求他带教？"她的眼睛突然闪亮起来。

"嗯，这是一个可行的好办法。"我表示肯定。

她充满信心地说："那我明天就去找年级组长，表达我的意愿，希望能拜优秀的老教师为师，虚心请教，认真学习，大胆尝试，尽快改变目前的糟糕状态。"

再来就是第三个困惑了，赵老师讲的两副"面具"，其实是指她在担任班主任与做心理教师时，对学生采取的不同态度与方法。

"面对学生时，你觉得班主任与心理老师的角色有何不同？"我问。

"我觉得作为班主任，面对学生时要采取严肃、严格、严厉的态度，发现学生出现错误行为时要及时批评教育，对态度恶劣、严重违纪的学生要采取处罚措施；作为心理老师，面对学生时要采取理解、尊重、接纳的态度，对学生存在的问题，要分析其背后的原因和动机，要尊重个体、接纳不足、帮助完善。因为面对同一个学生或同一件事，我在班级处理和在心理咨询室做辅导时，态度不一样，感觉像戴上了不同的面具。"

"关于两副面具，我谈谈我的想法。第一，不论是班主任还是心理老师，对学生的爱心、关心和耐心应该是一致的。所以，我认为尊重、接纳和包容的原则是不变的，因此，不需要戴两副面具。第二，我主张在处理学生问题时，把处罚作为学生承担责任付出的代价而不是教育的最终目的。让学生有尊严地接受批评甚至惩罚，他们获得的是成长的经验和动力。第三，心理老师有当班主任的经历，就可以在与学生的共处中，获得了解学生的需求、关注学生的成长、分享学生的快乐等真实的感受与经验。优秀的班主任一定懂得学生心理，优秀的心理老师一定熟悉学生的生活。两种角色可以起到互相促进、互相补充的功效。"

"照您这么说，我是幸运的，刚踏上工作岗位，就能获得两个角色的体验？"她看着我问。

"当然，要感谢学校领导的安排。因为你要担任两份工作，体验两个角色，所以会更辛苦。要有思想准备，以后可能会遇到更多的困难。"

"我知道了，我想再找一个人帮助自己，学会心理求助嘛。"她看着我诡秘地笑着说。

[聆听手记]

赵老师发现自己戴了两副面具，这其实说明，她在对待学生时缺乏以情动人的魅力，在对待工作时缺乏以理服人的功力。

年轻教师常常会遇到角色冲突的问题，比如"做朋友与当老师""心理辅导与班主任管理"。有的老师认为前者应该是和蔼可亲的，后者则是态度严肃的。因为角色冲突，有的老师混淆了师生的界限，难以树立"师必尊"的权威，也有的老师将师生关系对立起来，难以维护"师可亲"的温馨。在面对学生时，教师既不是靠讨好学生赢得拥护，也不是靠威压学生获得敬意，而是靠人格魅力感动学生，靠超群技艺感化学生。

两副面具如何统一？我们的答案是，优秀的老师应该没有面具，而是以真实的面貌出现在学生面前，用爱和信任温暖学生的心。

换一条路走，你才能突破自己

叶莉是一名具有 15 年教龄的学校专职心理教师，不论是专业发展，还是学校的心理健康教育工作，她都做得很出色。

最近，因为高一的政治老师怀孕请假，一时找不到合适的老师代课，校长决定让叶莉兼任高一年级的政治课。叶莉有一种受打击的感觉，觉得她在学校心理健康教育工作中的努力付出并没有得到领导的认可，为此她找我做心理咨询。

"说实话，我觉得我不是你最合适的心理咨询师，因为我们是同事关系。"我坦白地说。

"这个问题我想过，那你能否把今天的心理咨询，当成你对我的督导呢？我现在感到非常迷茫，需要督导。"她回答。

"好吧，那你先说一说你的迷茫吧。"

"我现在一直在想一个问题：当初我那么坚决地决定做一名学校专职心理教师，究竟是正确的选择还是错误的冲动？现在看起来，在学校其他岗位人手紧缺的时候，我就要像消防队员那样，随时冲上去补位。我顶过班主任的岗，补过卫生老师的缺，现在校长又要我去代政治老师的课。在校长眼中，我成了没有专业、没有固定岗位的'百搭'人员了。我好歹也是名校心理专业的毕业生啊！我似乎已经看得到退休前在学校工作的状况了，除了做一名消防队员般的心理教师，我还能做什么呢？"她既不满又无奈地说。

"你对自己在专业发展上有什么期待吗？"

"这正是我困惑的地方，评上高级职称以后我在专业发展上似乎也走到了尽头。除了参加教研和培训，给年轻教师做些指导，就是日常的上课和咨询了。说心里话，我已经没有了刚入职时的那份激情和干劲了，现在的年轻人一个比一个厉害，我有时扪心自问：如果再参加市级比赛，我还有获奖的优势吗？"

"心理教师的专业发展就只有心理课吗?"我追问,"你想想,毕业后你的大学同学,他们现在都在干什么?"

在职业辅导的过程中,遇到当事人无法做出抉择的时候,我常常会让他们思考如果是和自己状况差不多的人,他们会做什么选择,用心理学名词概括来说这其实是一种"投射"。

叶莉想了一想说:"有些人像我一样,毕业后就在学校做心理老师。要说有差距,那是学校层面的差距。在重点中学工作的同学,因为领导重视,所以用武之地就大一点。有些人晋升到管理岗位了,如担任政教主任、科研室主任或者德育副校长等,这种结果的影响因素太复杂了,我不好说。还有些人跳槽去了企业,他们发展得怎样,我不知道。"

"对一个人来说,他工作 15 年后可能进入职业发展的'高原期'了。在职业发展的前期,一般人拼的往往是执行、操作和具体任务的达成能力。也就是说,谁能漂亮地完成任务,谁就能胜出,然后继续接受新的任务。应该说,这个阶段的发展,你是比较成功的,顺利地完成了职业发展的目标,如期获得了高级教师的职称。接下来的阶段,你要么进入瓶颈期,要么进入新的发展期。如果是继续发展专业,你为自己设置的目标是什么呢?如果是期待在管理岗位上有所提升,你觉得在学校最适合自己发展的岗位又是哪一个呢?"

她想了很久,抬头看着我说:"如果从专业发展上考虑,那是不是意味着我还要继续参加更多的培训,或者在学历上再上一个台阶?"停顿了一会儿,她继续说,"说实话,平时确实有很多进修学习的机会,有些我会去参加,但更多的时候不去参加,尤其是那些需要利用休息时间参加的培训。我已经不像以前那样有激情了,是不是我变懒了?"

"提升自己,不是仅仅通过参加一些学习或培训就可以达成的,更重要的是需要做自我探索,做好自己的内部梳理。"我给她提出了以下建议:"首先,寻找自己的优势。要多和别人交流,听一听在别人眼里自己有什么优势,要向'牛人'学习。在你的身边或者在心理老师的团队里,有哪些人的发展是值得你敬佩的,看看他们在职业发展的关键时期,除了机遇之外,是如何克服当初的纠结和困难的,那些处理方法和你目前的状况有哪些相似之处，对你是否有借鉴作用。"

"对哦。"叶莉的眼睛亮了起来，"我总是困在自己的圈子里。其实，我们心理老师中也有特级教师，我是不是应该找机会多和他们接触呢？"她说完有点不好意思地笑起来，"你觉得我有点自不量力吗？"

"很好啊，其实现在老师的专业发展路径，不仅有特级教师，还有正高级教师呢！有了目标，努力的方向就会比较清晰了。"我充分肯定了她的想法。"其次，尝试运用你的优势。你要列出自己的优势，同时把自己能接触到的工作也列出来，然后问自己：做什么事情能让别人，特别是校长认可你的优势。你要了解校长最关注的工作有哪些，将你的优势和这些工作连线。这就是你的第一波机会，最近的机会抓住了，更多的机会就会自然地出现。"

"你是说，要让校长看到我的工作对他想要的目标是有贡献的，对吗？"叶莉有所感悟地问。

"是啊，接下来的事情就是不断地提升自己的能力了，当有更多的机会出现的时候，其实你遇到的挑战也会更多。"

我一边和她说，一边在纸上画了一个三叶草模型，"这是'新精英生涯'用来分析职业状态的三叶草模型，如果一份职业能同时将一个人的兴趣、价值和能力相匹配，那就是一份完美的职业"。我在三叶草中心交汇的部分写上了"完美"两个字。"如果仅仅是满足了兴趣和价值，感觉自己的能力不能完全 hold 住，那么，这个时候产生的情绪是焦虑。"我在"能力"这片叶子不能包容的空白处写上了"焦虑"两个字。"如果兴趣是有的，能力也行，但是感觉自己的付出不能得到应有的回报，那么，这个时候出现的状态是失落。"我一边说着，一边在"价值"这片叶子不能包容的空白处写上了"失落"两个字。"最后一种状态，对工作的价值是满意的，对自己的能力也有信心，只是对这份工作失去了原有的兴趣，这个时候，出现的状态是厌倦。"我在"兴趣"这片叶子不能包容的空白处写上了"厌倦"两个字。

"你现在最需要弄清楚的是，自己目前所处的状态是什么。如果是焦虑，那说明你的能力可能出现了问题，应对焦虑的方法，就是提升自己的能力；如果你感觉自己的状态是厌倦，那说明你对目前的工作可能失去了兴趣，应对厌倦的方法，就是你要将原始的兴趣提升为职业的志趣；如果你感觉自己的状态是失落，那可能你认为自己的努力没有得到相应的回报，应对失落的方法就是，不断地去发现工作的新价值，为你所做的事情赋予新价值。"

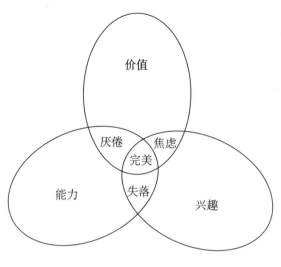

三叶草模型

叶莉仔细地看着我画的三叶草模型，有所感悟地说："我明白了。我目前的状态可能是失落，觉得自己的付出没有得到应有的回报，还有一部分是厌倦，对这份工作失去了原有的兴趣。我现在要做的是，去发现工作中的新价值，然后，在发现新价值的过程中再次激发自己对工作的兴趣。谢谢你的督导，我会更好地思考自己未来的发展。"她带着一份满足的笑容，轻松地与我告别。

[聆听手记]

有 15 年教龄的老师处在职业发展的哪个阶段呢？在休伯曼提出的"教师职业生涯周期理论"中，他把这个阶段定义为"实验和歧变期"。该理论认为这是教师职业生涯道路上的转变期，教师会面临两个方向的转变：一个方向是随着知识和阅历的增加，教师开始有能力对职业和自我进行挑战；另一个方向是单调乏味的教学轮回，使教师对自己的职业产生了倦怠感。叶莉正是处在这个阶段中，而应对职业倦怠的最积极的方法，就是不断地进行自我挑战，寻找新的兴趣点，发现工作中的新价值。

小心你被学生控制

最近，区里组织的每两周一次的心理督导活动，受到学校心理老师们的欢迎。每次，大家都会把近两周来遇到的疑难个案提出来和伙伴们一起讨论。在心理督导的时间里，老师们不仅可以得到伙伴们在专业上的支持，也能在情感上得到鼓励。这几次，大家都围绕林欣老师提供的学生个案做起了讨论。

林欣是一名只有两年教龄的年轻心理老师，最近才开始接触心理个案辅导，因此，"新手上路"遇到了困惑。她提供的是一个学生拒绝上学的案例，当事人小周是六年级的男生，刚刚进入中学预备年级，开学才一周就不想去上学了，小周的妈妈为此非常着急，来学校心理咨询中心求助。

经过商量，小周愿意来接受心理辅导。一次辅导下来，林欣感觉很有成就感，因为小周说："你和其他老师不一样，我喜欢到你这里来。"林欣介绍，他们第一次心理辅导时小周谈了小时候的很多事。小周说害怕老师凶，因为小学英语老师很凶，所以他就不愿意好好学习英语。林欣问他："那现在中学的老师怎么样？"小周说："中学的老师虽然不凶，但不像你这样会柔声细语地说话。如果学校里的老师都像你一样，我就不害怕上学啦！"这些话让林欣备受鼓舞，她觉得小周的问题不严重，应该很快就会去上学的。

听完林欣对个案的介绍后，我向她提出了以下问题：

1. 你对小周"拒绝上学"的假设是什么？

2. 小周为什么愿意来你这儿接受心理辅导？

3. 你和小周协商过心理辅导的目标吗？

我的问题把她问住了，她只记得心理咨询师要与来访者建立良好的信任关系，没有想过更深层的问题。

第三次做心理督导时，林欣显得很兴奋，因为林欣为小周做第二次心理辅导时，让小周做了沙盘游戏。小周摆了一个战斗阵营，进攻方荷枪实弹，步步进攻；防守方搭筑了坚固的堡垒，双方处于交战状态。林欣问小周："那你在哪里？"小周指了指进攻方后面的瞭望台说："我在瞭望台上指挥。"林欣又问："那你觉得进攻方现在遇到了什么情况？"小周想了想说："我也不清楚，可能是对方的防守能力太强了吧。"

林欣对我说："这似乎可以解释小周拒绝上学的原因吧。他一定是遇到了什么挫折，但是他自己说不清，这就是他进攻的地方。愿意做心理咨询，说明他是希望改变的。"

我一边点头，一边问林欣："那你和他协商过心理辅导的目标吗？"

林欣说："我问他为什么愿意来做心理咨询。小周说，他不去上学，妈妈和奶奶都比较担心，妈妈就会啰唆；他来做心理咨询，感觉妈妈和奶奶都比较高兴。"

我提醒林欣："小心小周在控制你。"

林欣愣住了，有点疑惑地说："我们讨论心理辅导目标的时候，小周很坚定地说：'若能让我对学校不害怕，我就愿意去上学。'我觉得我们的目标是一致的呀！"

坐我边上的吴老师说："但是这个目标是不是小周真正的目标呢？还是他在迎合家人、学校以及你的目标？"

林欣有点不解，吴老师补充说："从你们前面交流的情况来看，小周似乎没有害怕和拒绝上学的很大理由，但是他待在家里的话，妈妈、奶奶就会认为他有问题，需要找个地方去治一治。现在到了你这里，他不仅可以逃避上学的事情，也可以逃避家人的指责、担心和催促。"

林欣对吴老师的假设有点不服气，说："小周答应我了，他下周就去上学。如果他去上学了，那我的心理咨询工作不是就可以结束了吗？"

督导团队里的朱老师和林欣一样年轻，她轻声对林欣说："你不能太相信小周，我也遇到过类似的学生，他们说的和做的是不一样的。"

林欣对此半信半疑。但是，第四次心理督导时，林欣一脸沮丧，她确实觉得最近的两次心理辅导都有点徒劳无功，不由自主地开始生起小周的气来。原来，果真如大家所言，小周向林欣保证得好好的，但上学时间到了，他又不肯去学校了。而且，最近一次心理咨询结束时，他向林欣发誓第二天一定去学校。但到了第二天，他去学校才半天，就吵着要他妈妈把他接回家，原因是他在学校里感觉头疼。他妈妈要他坚持到放学，他就在电话里和她吵起来，她无奈向林欣求助。林欣与小周妈妈一起来到教室，小周看到林欣和他妈妈，生气地说："我恨你们，你们就会逼我。我其实都是为了你们才来做心理咨询的，我以后再也不去做心理咨询了。"林欣说："我觉得好失望，我对他付出了百分之百的心血，但是他却连百分之一的回报都没有，我觉得好失败！你们说，小周他到底是有心理问题，还是有品德问题？如果他是我的孩子的话，我好想抽他一顿！"

我接过林欣的话头说："你这个问题提得真好，小周究竟是不是有心理问题，你在前后共五次心理辅导中应该有所察觉。你对小周的问题是怎么诊断的呢？你的依据是什么呢？"

林欣说："不就是拒绝上学吗？现在看来他似乎不是害怕学校而拒绝上学，而是又懒又不诚实，对人又没有感恩之心，这不是品德问题吗？"

"你这样的解释不像出自专业的心理老师之口，"我严肃地说，"品德问题也和心理有关，《精神障碍诊断与统计手册》（第五版）中说，青少年的对立违抗行为是心理问题的类别之一。既然是心理辅导，就不能把小周问题行为的改善寄希望于他对你付出爱心的回报。如果我们用爱心来绑架来访者，那与没有受过心理专业训练的普通人有什么区别呢？"

林欣愣住了，良久才问："那我接下来该怎么做呢？"

我说："我们或许还是需要回到小周为什么不愿去上学的假设中来，需要仔细想一想：小周不去上学，你除了看到他懒、不愿意受学校的纪律约束以外，还能看到他的哪些其他需要呢？"

"你是说家庭吗？"林欣问。

"如果从家庭的角度去考虑这个问题，假如小周不去上学，对他的家庭会有什么影响呢？"我追问。

林欣想了想说："我记得小周和我聊起过他的家庭，他爸爸常年不回家，他妈妈对他从小就比较严格，他奶奶会因为替小周说情和他妈妈发生冲突。现在小周不去上学，他妈妈和奶奶不吵架了，他爸爸也从外地回来了。我想起来了，小周妈妈好像说过，小周爸爸最近又要外出工作了。"

"假如这个假设能成立的话，那么小周是不是在用不上学的方法，来保护他的家庭呢？"

"如果是这样的话，那么我不仅要把力气直接用在小周身上，还要对他的父母做心理辅导，对吗？但是，我们有义务为小周的父母做心理辅导吗？"林欣提出了这样的疑问。

"为什么不可以呢？我们都知道，问题的环境催生青少年的问题行为，而学校和家庭是青少年成长的最重要的两个环境。从这个角度而言，改善问题的环境才是改变青少年问题行为的重要途径。"

她点了点头说："我要让小周父母意识到，小周拒绝上学行为背后的原因，可能与他感受到家庭不够安全有关，父母要给予孩子一个安全的情感基地，而不是仅仅为孩子挣足够多的钱。谢谢你。你让我明白了，心理辅导的过程应该是一个抽丝剥茧的过程，只追求表面的改变，是不会取得根本效果的。"

[聆听手记]

在个案辅导中，"新手上路"的心理咨询师往往会直接聚焦于来访者的问题行为本身，而忽略了问题行为背后的原因。林欣在做心理辅导的过程中，"回学校"这个目标，看似是和来访者小周共同制定的，实际上，它更是心理咨询师、家长和学校的目标。

学生拒绝上学的背后，往往有比较复杂的多方面原因，例如学业压力、同伴人际冲突、家庭矛盾，但是来访者并不一定能清楚地意识到问题的原因究竟是什么，因此，心理咨询的过程其实应该是心理咨询师不断地帮助来访者梳理潜意识中被压抑的需求的过程。对青少年来访者出现的问题，心理咨询师要综合地看他的成长环境，包括学校的环境、家庭的环境。很多时候，环境的改变会带来来访者的改变。

心理督导的过程不是心理老师们简单地会诊每个个案的过程，而是帮助心理咨询师看到自己面对个案时能力和经验的不足，从而获得更好的专业成长的过程。

如何激发学生的学习动力

一天，我收到一封求助信，信上说："班上有一位颇具天分的学生叫丹阳，因缺乏学习动力，现已泯然众人矣。作为班主任，我深感痛惜，急切地想知道，在初三的最后阶段，怎样启动学生自身的'发动机'，让他们保持持久前进的动力？"

从短短的求助信中，我大致梳理出几个关键信息：一是初三学生丹阳智力水平不低，颇具天分；二是因为学习缺乏动力，她的学习积极性不高，学习成绩严重下滑；三是班主任渴望获得激发丹阳主动学习的方法，促进她顺利完成中考。

想要实现真正有效的心理咨询，仅凭上述信息是远远不够的，我决定与发信人韩老师做深入交谈。

我们按约定时间见面后，我开门见山地说："作为班主任，你非常渴望帮助丹阳同学，这是件好事。但你是否问过丹阳同学，她愿意接受你的帮助吗？或者说，她有像你一样迫切的求助愿望吗？"

我提这些问题的目的是，想让韩老师明白，在心理辅导中，当事人的主动求助意识，是解决问题、改变现状的基础。也就是说，我们要遵循"助人自助"的原则，而不是以教育者的姿态强势地去改变学生。

韩老师回答："为了激发她的学习动力，她家长曾带她去正规的心理机构接受过心理干预，收到了一定的效果。但由于后续的费用太高，只做了一次心理辅导。当时心理专家对她做了浅度催眠，让她想象十年后的自己。据家长反映：丹阳同学看到自己在大剧场的乐池里演奏大提琴，她想当一名大提琴手。从那以后的一段时间内，丹阳不论是读书还是练琴，自觉性都明显提高了。但'三分钟热度'后，她又恢复了原状。"

从韩老师告知的信息中，我发现：丹阳同学并不拒绝心理咨询师的帮助，有求助的意愿，采取过努力实现心中梦想的行动，但由于毅力不够，感受进步的信心不足，无奈地又回复放弃追求和放纵自我的状态。此时，班主任可以做什么？怎么做才能真正帮助丹阳同学呢？我认为家长和老师的及时鼓励与适度赞美，才是激发她产生学习动力的关键。

"韩老师，你是否了解，在丹阳同学明确自己的理想是当一名大提琴手时，她的家长是否给予过肯定和支持？在她每天读书和练琴的自觉性都有明显改变时，老师是否给予过表扬和激励？也就是说，对丹阳宝贵的'三分钟热度'，我们是否做了'保温'和'再加热'的工作？假如没有，那'降温'的结果是必然的。"我分析道。

其实，每个人都希望得到他人的肯定和赞美，对学习动力不足的丹阳同学来说，这显得尤为重要。想要启动其自身的"发动机"，保持持久前进的动力，老师和家长对她进步的表现给予及时的鼓励，对她潜在的能力给予适度的赞美，是重要的手段。

"韩老师，你能说出丹阳同学的独特品质和潜在能力吗？"

"在我的印象中，丹阳同学严重偏科，尤其是英语、思想品德成绩，只能勉强及格。平时不按时完成作业，还存在抄袭行为；课堂上不能长时间集中精力学习，经常做小动作，学习积极性不高，成绩一直处于下滑状态；与父母关系不好，比较倔强，还曾离家出走过，是个令人费心的学生。如果真要找找她的独特品质和潜在能力的话，我想那肯定是有的。比如，她写作颇具文采，为人热情开朗，与同学、老师关系融洽，平时乐于帮助别人，人缘特别好；乐感好，大提琴拉得也不错，所以，我说她的天分不错，情商也高。"此时的韩老师已经明显意识到，丹阳同学是一个既存在很多缺点，又拥有不少优点的学生。

假如，老师和家长能够清楚地看到学生存在的不足和拥有的优势，不仅要以责任的名义去批评她，更要以关爱的态度去激励她。也就是说，赞美的力量比教育更强，激励的作用比批评更大。

"那你平时对丹阳同学是表扬多还是批评多？是鼓励多还是观察多？是帮助多还是等待多？学生自身'发动机'的启动，需要外力激发，我们为丹阳同学迈出前进的第一步，可以做些什么？"我问。

促进丹阳同学成长的环境包括学校、家庭、社区和社会，对她产生影响的外界力量，应该来自同学的信任、老师的关注、家长的支持和社会的认可，其中，家庭的影响是关键性的因素。我们要找一找，在影响丹阳同学成长的外力系统中，存在哪些促进成长的积极力量和阻碍发展的消极力量。

"韩老师，你了解丹阳同学的父母和家庭状况吗？"

"据我了解，丹阳同学是独生女。她母亲是高中语文教师，父亲是企业员工，家庭收入稳定，经济相对宽裕，但家长对她的零花钱控制得比较紧。她父母平时工作比较忙，她能够独自生活，照顾自己。她在家做作业时，喜欢边写边听音乐，若家长制止，她就表现得极不耐烦，有时会用摔打物品的方式发泄情绪。她与家长的关系比较僵，她母亲的脾气比较急躁，母女俩沟通不顺利时，她妈妈会动手打她。她父母对她有较高的期望，在教育投资上也舍得花钱，给她报过各种特长班，包括正在学习的大提琴和声乐。除了大提琴之外，她对其他项目都缺乏兴趣，学过一段时间后就放弃了。在学习上，她父母对她管教严格，一了解到她在学校的负面情况，就会训斥她，亲子矛盾便激化。"韩老师比较详细地介绍了丹阳同学的家庭情况。

"你是否觉得，要想帮助丹阳同学，还需要帮助其父母做出改变？让她父母不仅看到她存在不尽如人意的一面，也要看到其优秀的一面，鼓励她扬长避短地优化自己，让她做自己擅长的事，发挥她的特长。这样她才会在实现自我目标的过程中，感受到愉悦和成功；在实现自我价值的前提下，保持永久前进的动力。"我说。

韩老师终于有所领悟地说："哦，我懂了，学生的问题，我们仅有帮助的意愿和担忧是不够的，还需要运用心理学的原理和方法，根据学生产生问题的内在因素和外在条件，找到激发内动力的'阀门'，才能真正达到助人自助的辅导目标。"

我相信，韩老师对丹阳同学的帮助一定会从"心"开始。我期待着令人欣慰的消息传来。

[聆听手记]

韩老师是一位对学生充满爱心和责任心的班主任，面对丹阳同学成绩滑坡、泯然众人的情况，深感惋惜和痛心。韩老师困惑的是，自己该如何帮助丹阳同学启动自身的内动力，向着成功的目标前进。

　　心理咨询师启发韩老师了解并分析丹阳同学的生活环境以及家长对她的教养方式。在分析影响丹阳同学成长的外部条件的基础上，了解丹阳同学存在的独特品质和潜在能力。大家看到了一个虽存在许多缺点但又拥有不少优点的丹阳，也看到了一个拥有梦想并为实现梦想努力过的丹阳。教师应在客观评价的基础上，学会用尊重的态度，唤醒学生改变现状的信心；用赞美的行动，激发学生努力学习的动力。

别让"混日子"蚕食了你的前程

每天晚上我总是习惯性地打开邮箱,处理各类电子邮件。一天,一封标题为"一位急需心理援助的教师"的邮件(征得来访者同意,采用化名,邮件内容可以公开)引起了我的关注,细细读来我的心情很沉重。

老师:

您好!很冒昧地向您诉苦,给您添麻烦了,我心中的困惑最近越来越多。

我是一名从教已有13年的小学教师。2007年我被评上了小学高级教师职称。也许是应了物极必反的道理,我的教学开始走下坡路。但我知道,这是我从主观上和心理上对教学产生了排斥与恐惧情绪造成的。

我真怕自己是一个热爱教育事业的"逃兵",不仅浪费自己的生命,还误人子弟。我不敢再想了,内心一片混沌……

期盼您能给我解惑,感谢您为我所做的辛勤付出。

一位急需心理援助的教师

2015年9月3日

我马上给她回信,做书信心理咨询。

老师:

你好!谢谢你对我的信任,我还不知道该如何准确地称呼你。我把你的来信认真地读了三遍,能够理解你此时的心情——"一片混沌",害怕成为"一个热爱教育事业的'逃兵'"。你非常想把工作做好,但目前又觉得力不从心,不仅害怕甚至有拒绝工作的意愿。

我想请你做一个自我澄清,想一想自己究竟害怕什么,担心什么，烦恼什么，委屈什么，失落什么，期待什么。所谓"一片混沌"，就是复杂的心情混合在一起无法分清所造成的。当你分清自己的心绪，就可以一件件地去解决。试试看，可以吗？

2015 年 9 月 4 日

四天后，我收到了她的回信。

老师：

您好！您说我该做一个自我澄清，我就从我的名字开始说起吧。我的名字叫"鞠躬"，这是我的网名，近两年才取的。

我工作的转折点是从调入镇中心小学开始的，此前我在农村小学工作已有 8 年。我得承认，自己的适应能力真的不强，既有些自负，又有些自卑。在乡村小学工作的时候，我曾饶有兴致地引领学生们在语文的天地里徜徉，挥洒我的青春与才情。虽然那只是一片很小的天地，但我的内心却很知足，因为我感受到生活的乐趣与教学的成功。那时的我，文字与语言的表达都如行云流水般舒畅。

进入镇中心小学后，我接了一个纪律很差的班级，领导安排我当班主任，60 个精力充沛的孩子让我无所适从，我似乎成了学生们的保姆。在这一年的时间里，我在挑战中失败，败得很惨。虽然学生的期末考核成绩还不算太坏，但我知道自己的内心已遭到了重创。我忽然喜欢上了星期天，因为可以不用上班，睡大觉，远离这批令人讨厌的学生。以前喜欢的杂志也看不下去了，很想找人诉苦，但感觉能帮到我的人真的很少，偶尔与人交谈也如隔靴搔痒，没有同感共鸣。

今年开学，我不再接手这个班级，但领导却让我从头开始，担任一年级的班主任，想想心里非常害怕，10 年没有带一年级了，我真的可以胜任吗？真的很怕啊！

鞠躬
2015 年 9 月 8 日

一周后我回复了她。

鞠躬：

　　你好！在澄清自我的时候，准确的自我定位非常重要。你说自己有些自负又有些自卑，其实，我们不要过高评价自己的自负，也不要过低评估自己的自卑，而需要准确了解自己的自信。一个人不可能十全十美，一定会有强项与弱项，也一定会有长处与短处。自负的人总是拿自己的强项与别人的弱项比，比出了盲目的骄傲；自卑的人总是拿自己的短处与别人的长处比，比出了盲目的沮丧；而一个自信的人总是合理地把握自己，做到扬长避短、取长补短、欣赏他人、展示自我。我有一个小建议：你是否可以从修改自己的网名开始，找到自己合适的定位。认识自己是一件很不容易的事，可能需要花很长的时间来寻找答案。如果想取一个合适的网名，不仅需要对自己有清晰的定位，还应考虑以下几个原则。

　　原则一：符合自己的形象定位；

　　原则二：能吸引别人的注意力；

　　原则三：不贬低、伤害他人或诋毁历史人物。

　　希望你能够找到一个自己喜欢又能吸引他人，富有内涵又不失通俗的网名。

2015 年 9 月 15 日

国庆节期间，我收到了她的回信。

老师：

　　您好！感谢您的指点，我给自己取了一个网名"幽谷百合"，百合花以其宁静、内敛的特点深受人们的喜爱。据说，喜欢百合花的人，具有清纯、天真的性格，集众人宠爱于一身，不过光凭这一点并不能平静地度过一生，必须具备自制力，能抵抗外界的诱惑，才能保持不被污染的纯真。我虽然处在一个不知名的镇中心小学，但仍想通过自己的努力绽放美丽，释放幽香。

幽谷百合
2015 年 10 月 2 日

一周后我回复了她。

幽谷百合：

　　你好！看到你取了一个既富有诗意又具有内涵的网名我非常高兴。我相信百合一定会绽放美丽，释放幽香。今天我们可以来谈谈"害怕"的主题吗？你说因为怕管不住 60 个精力充沛的孩子而渴望不上班，领导安排你担任一年级的班主任，你又害怕自己无法胜任。那你是否想过，自己愿意承担并能够胜任的工作是什么？你说自己热爱教育事业但不愿做"逃兵"，"热爱"将如何体现？可以回应我吗？

2015 年 10 月 9 日

过了一个月，我收到了她的信。

老师：

　　您好！不好意思，好久没有给您写信，因为我生病了。一开始只是简单的感冒咳嗽，不知为什么发展成了肺炎，不得不住院治疗。生病虽然是件痛苦的事，但在医院静养的几天中，我思考了许多问题，比如自己究竟害怕什么，委屈什么，失落什么，期待什么。仔细想来，我害怕被他人看不起。从农村学校调入镇中心学校本来是件高兴的事，但因为教学能力问题，我感到力不从心。感到委屈的是，我曾经努力过，也想尽快适应新学校的教学要求，但没人理解，没人肯定，没人支持，渐渐地，我发现自己在挣扎中越来越沉重。感到失落的是，2007 年评上高级教师职称后自己在专业上没有进步，而在心理上受到重创，找不到原来的自己，也没有了工作的热情。我非常期待您能给我指点迷津，让我走出阴影，找回快乐。幽谷中的百合，期待绽放。

幽谷百合

2015 年 11 月 10 日

我因出差，隔了些日子才回复她。

幽谷百合：

你好！身体恢复健康了吗？不良情绪确实会产生不良的躯体症状，所以，调适心理也是消除身体疾病的途径之一。我希望你既能有一个好心情，又有一个健康的身体。

你谈到了自己的害怕与失落，这算是对问题原因的分析，而我比较关注的是你的自我期待。在你的期待中充满着改变的决心和绽放的渴望，这是积极的力量。问问自己：评上职称后，在专业成长上进修充电过吗？向有经验的老师学习请教过吗？在学校及以上层面自我展示过吗？如果你的答案是没有，那么被他人超越，被时代淘汰是必然的，老教师遇到新问题是完全可能的。不是那 60 个学生不好管，也不是一年级学生不好带，而是我们该如何去适应环境，突破难题，挑战自我。

假如你希望我给你指点迷津，我的建议是，请认真寻找与其他老师之间的差距，努力弥补带班经验不足的弱势，尽快提高教育、教学的综合能力。我相信，有目标才会有动力，有行动才会有收获，有收获才可以改善失落的委屈，有成长才可以获得自信的快乐。

2015 年 11 月 17 日

一周后，我收到了她的回信。

老师：

您好！谢谢您的指点，我会努力去尝试的。

幽谷百合

2015 年 11 月 25 日

［聆听手记］

这是一个通过电子邮件进行心理咨询的案例，虽然心理咨询师与求助者始终没有见面，甚至不知道求助者的真实身份，但建立在诚信基础上的心理咨询对求助者应该有一定的帮助。

网络心理咨询虽然方便快捷，但因为对有些问题的思考需要空间，有些行为的改变需要时间，所以，心理咨询师与求助者保持一周联系一次的频率是比较合适的。"幽谷百合"在开始阶段的回应比较急躁，她有很多困惑希望得到指点，恨不得心理咨询师能与她时刻保持联系。但也出现近一个月没有回音的情况，心理咨询师不知道她在想什么，也不知道她遇到了什么难题，咨询进展难以控制，这也许是网络咨询带来的无奈。心理咨询师遵循"来者不拒，去者不追"的原则，只能静候她的再次出现。

当校园危机发生时，怎么办

这天上午 9 点，我接到某初中心理教师陈芳的电话，她在电话里急迫地说："老师，今天早上我校一名初二女生在学校跳楼自杀了，我该怎么处理这件事？"

我的脑袋仿佛被铁锤打了一下，这是最可怕的危机事件。我让自己先冷静了一下，然后问她："坠楼学生现在情况怎样？学校对这件事已经做了哪些处理？"

"我们第一时间拨打了 120 和 110，现在救护车和警车都已经赶到，确认女孩已经没有生命迹象后，将她的遗体运走了。但是，有不少学生目睹了事件经过。学校已经向教育局上报，校长要我请求区心理中心援助，做好学生的心理危机干预工作。"

我迅速理清了思路，在电话里对陈芳说："你先处理好以下几件事，我来组织志愿者，马上赶到你们学校。第一，可能学校里的每位学生和老师都或多或少地知道了这件事。因此，校方首先要紧急召开全体会议，向老师们公开事件的真实过程，请老师们描述这个事件时谨慎用词，用'坠楼'而不是'跳楼'，并请尽量避免使用'自杀'这个词。同时，请班主任尽快进入班级管理学生。因为事件的原因警方还在调查中，所以班主任要告诉学生尊重逝者，不发布不负责任的信息，不随意公开当事人的姓名，不议论她的行为；坦诚地和学生交流事件的真相，这样不仅能加强学校和学生的沟通，还能消除学生的紧张和恐惧情绪，防止事态激化和事件的恶意传播。

"第二，在志愿者到来之前，你要重点关注以下人群的情绪状态：一是事件的目击者：梳理看到现场的学生名单，关注他们的情绪，如有需要，要立即对他们进行个别和小团体辅导；二是关注当事人的好朋友和同桌，如有需要，立即开展个别辅导；三是关注当事人班级的同学的情绪状态；四是关注昨天最后一个跟当事人说过话的老师，如有需要，可开展个别辅导；五是不需要马上对全体学生做哀伤心理辅导，班主任只要如实地告诉他们真相就行。在危机事件中，学生的反应是不一样的，有的害怕，有的震惊，也有的是好奇，允许各种情绪的存在。"

陈老师做了记录并立即行动起来，我第一时间联系有危机干预经验的包老师、沈老师和吴老师于一个小时后赶到学校。

到校以后，听校长和陈老师的介绍，学校对这起事件的处理是迅速有力的，事发现场已经处理干净，但是冲洗鲜血的水迹还未干，现场就在初二（2）班的窗外，学生从窗口能够看到现场的水迹，因此，今天这个班级所有学生临时换到图书馆上课。

陈老师已经把需要重点关注的师生名单列了出来。

有两名男生目睹了事件经过，其中一位男生向最早到校的总务处老师报案，并协助老师把教室里的窗帘扯下来盖在遗体上。这名男生从情绪上看挺镇定的，但是从卫生老师处了解到，事情发生后，男生在校医室量了血压，血压150/100，而他以前从未被检测出高血压。

有23位学生报告看到过遗体，有3名女生当场吓哭了。

初二（2）班有一位女生虽然没有目击现场，但是她的座位就在窗口。事件发生后，她不敢到自己的座位上取书包、文具，到了图书馆后仍然瑟瑟发抖。

当事人的同班同学反映当事人的脾气比较捉摸不定，比较固执，有时候行为比较夸张，因此，在班里没有比较亲密的朋友。有一名同学反映，头天在微信群里听她说她要到一个很远的地方去了，希望大家不要想念她，当时没有意识到什么，于是在微信里开玩笑地回复："一路走好哈！"现在想想很后悔。

头天最后一个和当事人说话的是班主任。班主任最近的确关注到当事人有情绪上的困扰，她喜欢上了高年级的一名男生。但是，那名男生对她没有感觉，头天放学的时候她和班主任说，自己已经把这段感情放下了。

据老师们反映，当事人学习成绩中等，在学习上没有特别大的压力，也没有和老师发生过什么冲突。

陈芳老师把这些重点的人群罗列出来后，根据学生的需求，三位志愿者、陈芳老师和我当天便开展工作。

包老师在征得了两名目击男生的同意后，对他们做了心理疏导，希望两名男生能彼此支持，互相倾诉心理压力。

沈老师和吴老师对23名现场目击者和其他受本事件冲击较大、情绪反常的学生，根据他们的需求分成了两个团体，做了团体心理抚慰。

陈芳老师对当事人的班级和初二（2）班的学生做了班级团体辅导。

我告诉陈老师，危机干预仅靠一次的干预是不够的，未来的两周也是危机干预的重要时刻，她还需要做好以下几件重要工作，遇到任何问题，都可以随时和心理咨询中心保持联系，以便得到援助。

第一，向家长告知真相。要请校方尽快向家长告知事件的真相，以免家长通过其他渠道获得不实信息，造成不必要的恐慌和不良影响。为此，陈芳老师与学校政教主任起草了一封《告家长书》，请班主任通过班级微信群向家长告知事件真相。请家长关注孩子在家时的情绪状况，如果有孩子情绪异常，家长要及时和班主任及心理老师联系。校方要告诉家长区县心理中心电话和市心理咨询热线号码，有问题可以请求专业机构的援助。

第二，对教师开展情绪辅导和危机事件应对的培训。事件发生后，教师尤其是班主任所受的冲击非常大，他们一方面对自己的工作有了顾忌，生怕一不小心说错了话，就会导致学生采取极端行为；另一方面，也希望能了解如何面对危机事件。陈芳老师在征得学校领导同意后，对班主任和全体教师分层开展了团体心理干预和专业培训，帮助教师宣泄压力，交流如何与学生沟通的技巧。在团体辅导活动结束以后，学校邀请了心理专家对全体教师做了学校危机事件的预警与干预的技能培训，帮助教师提升应对学校突发危机事件的意识和技能。

第三，对学生开展后续的哀伤辅导。在事件发生的当天，几乎所有的学生都出现了震惊、诧异、害怕、怀疑、悲观等应激情绪反应，随着时间的推移，大部分学生会渐渐地自我疗愈。但是，如果两周后还有学生出现比较极端的情绪反应，就要关注他们是否有创伤后应激障碍了。陈老师对学生做了危机干预的后续方案，对部分需要重点干预的学生以10人小组为单位，分别做了两个小时的团体心理辅导；在事件发生后的第七天，陈老师对事发班级学生做了哀伤辅导和逝者告别仪式。陈老师为此精心设计了一系列活动，引导学生通过书写、绘画、分享等形式，及时释放负性情绪，整理内在感受，发掘自身及团队应对危机事件的力量，增强战胜危机的信心。在辅导过程中，陈老师还带领学生一起探讨了对未来和生命的看法。

学校心理中心延长心理辅导室的开放时间，为有需要的学生做个别辅导。学校还通过班主任、班级心理委员及学校心理中心网站等，以"个体心理咨询邀约书"的形式向全校师生公布了心理危机干预热线、心理咨询信箱、个体咨询时间和地点及校外心理辅导机构的相关信息，以鼓励那些受事件冲击较大或有其他心理需求的老师、学生及家长通过面询、电话、电子邮件等方式得到及时、有效的心理援助。

[聆听手记]

作为学校的心理教师，在危机事件发生以后，要立即与上级主管部门汇报并寻求及时的援助，关注重点人群的情绪状态，根据需要分别做好及时的个别辅导和团体辅导，并在后续的两周内密切关注师生的情绪变化，对有需要的学生做好辅导工作。

在通常情况下，学生的异常情绪会随着时间的推移渐渐减弱，如果两周或者一个月以后，学生的异常情绪还是很强烈的话，就要考虑启动创伤后应激障碍辅导了。

第二辑　智慧地绕过人际险滩

被实习生抢了风头，怎么办

这天，区里组织的课题研讨活动还未结束，钟老师就匆忙地与我打招呼："我先走了，还要回学校去看看。"

"急什么呀？"我调侃她，"刚才是谁说对学生要学会放手管理来着！"

"咳，我不是要回去管他们，是怕经常不在，他们会忘了我。"

"有这么严重吗？"

"真是这样的。自从我班来了两位实习生后，学生们的魂儿都被他们勾走了。我想找个时间再和你聊聊实习生的事，过些天另约吧。"

一周后，我与钟老师见了面。钟老师已有 20 多年的教龄。作为英语老师，她教学经验丰富；作为老班主任，她管理班级也很有办法，因此，每次有实习生来校实习，领导总会安排他们在钟老师的班级实习。

"你觉得这次来的实习生有什么特别的地方吗？"因为和钟老师比较熟悉，所以我也就直接切入主题。

"今年来的两位实习生都是男生，在几乎都是女教师的学校里，两个'小鲜肉'不知道多受孩子们欢迎！不到一个星期，'我们实习老师就是这样说的'已成了我们班学生的口头禅了。"

"听上去，有点儿吃醋的感觉啊！"我调侃地说。

"岂止是吃醋，我是在争宠呢！"钟老师哈哈大笑，继而有些失落地说，"原来，我还是挺自信的，觉得自己算得上是孩子们喜欢的老师，不说最喜欢吧，也是其中之一。今年教师节虽然也像往年一样，有很多孩子把他们制作的教师卡送给我，但很明显，他们送给我是出于尊敬，而送给那两位实习老师是出于喜爱！

"那两个实习生长得帅帅的，穿的运动休闲装颜色鲜亮，很有青春朝气，看着他们我忽然间觉得自己老了。这么多年来，我在穿衣打扮方面一向不是很在意。但现在我开始为每天穿什么而费心思了：穿职业装吧，显得老气横秋，和孩子们会有距离感；穿得休闲一点吧，又担心被孩子说成

'为老不尊'，总之，我第一次找不到属于自己的穿衣风格了！还有，实习生能唱会跳，在主题班会课上，一个自弹自唱，一个跳街舞，把我们班学生迷得呀，简直就成了他们的粉丝。"

我静静地听着钟老师叙述，感觉她要找我聊的心事应该不止这些，于是把话题一转："这些就是你全部的烦恼吗？"

"说吃醋是开玩笑的。我担心的是学生们的学习心思会被他们带野了。与其他老师相比，我的班级管理风格应该算是比较民主和宽松的。我认为学生的生活不能没有娱乐。在我的班里，原本孩子们的学习和娱乐时间还是比较平衡的，但现在学生一下课就唱流行歌曲，午休时在走廊上疯狂地练街舞，下午放学也不回家，到操场上找实习老师打篮球。有一天，都晚上7点多了，有位家长着急地打电话来问：'钟老师，今天学校有什么重要活动吗？我家孩子到现在还没到家呢！给孩子打电话他也不接，我们非常着急。'我猜学生准是在学校与实习老师玩呢，赶回学校一看，果然如此。"

"如果你担心实习老师这样做会影响学生学习，就该对实习生提出来呀，你是他们的带教老师啊！"我问道。

"这就是我困惑的地方。那两个实习生刚来的时候，我跟他们说'孩子们的快乐成长比分数成绩更重要'。现在，他们确实给学生带来了快乐，如果我要阻止他们，不就成了口是心非了吗？"

"你想要的不仅是学生当下的快乐，还有他们的学业成功，那两位实习老师是否也能给学生们这些呢？"

"这就是我最担心的地方呀！这两位实习老师的学科基础都很好。说实话，他们英语基础比我好，都是英语专业八级水平，发音也比我好听，在拓宽学生的视野方面，确实给了学生很多帮助。比如，他们会建议孩子们看哪些课外读物，看哪些美剧。但是，课本的知识才是考试的重点啊！我承认，他们的方法可以提高孩子们的学习兴趣，但我不能牺牲学生们当下能确定的成绩去换取他们未来不可知的素质啊！"

"你是觉得实习老师的影响力太大了，让你无法继续用自己的方法来管理学生了，对吗？"我问道。

"你说对了。现在我班的学生只要发现我有哪些观点或者要求与实习老师不一样，就会清一色地倒向实习老师那边。"

"你是不是觉得，现在都不知道是谁在带教谁了吧？"

"真有这个感觉呢！我再跟你说一件令我感到伤心的事。那天我为了找学生赶回学校一看，发现我班教室的灯还亮着，猜想一定是实习老师在跟学生搞什么活动。刚走到门口，就听到一阵哄笑声，体育委员说：'这事儿一定不能让老太太知道！'我差一点儿晕过去了，在他们眼里，我居然成了'老太太'了！"

我不禁笑出了声："你是不是觉得，学生与你已经成了两个阵营里的人了？"

"是的。我一个'老太太'怎么能竞争得过两个'小鲜肉'呢！"钟老师自嘲地说，"他们准是又瞒着我要干什么坏事了，我真想立刻冲进去，但最终还是控制住了。如果他们不想让我知道，我即便进去问，他们也不会如实告诉我，还是以后多警惕一点，不能让他们得逞。于是，我装作回家路过教室的样子，催促他们赶紧回家，不然家长要着急了。"

"你这样的处理方式是对的。"我真心地佩服钟老师的应变能力，"钟老师，让学生快乐成长、学业成功，这两个不能兼得吗？"

"原来我觉得是可以兼得的，但自从实习生来了以后，我怎么觉得，他们给予孩子的是快乐成长的机会，而我给予孩子的是学业成功的要求，好像是两股来自不同地方、各不相关的泉水一样，难以融合。"钟老师有点沮丧地说。

"嗯，你这个比喻真好。如果这两股来自不同地方的泉水都能注入学生们的心田，那不正是你希望的吗？"

"可是，"钟老师欲言又止，看得出来，她在努力寻找合适的词语表达想法，"可是，我没有那两个'小鲜肉'能唱会跳的本领啊！"

"其实，实习老师真正吸引学生们的，不是能唱会跳的本事，而是他们那颗年轻的心。"

"你是说，我要做的，并不是简单地唱歌跳舞，而是要时时保持一颗青春的心，用学生们的视角来看待他们？"

我微笑不语，因为钟老师已经找到问题的答案了，我无须多言。

一周以后，我接到钟老师的电话。她告诉我："两位实习生要结束实习生活了，昨天是他们在学校的最后一天。他们带着学生上了一堂活动课，主题是'感恩有你，伴我成长'。他们给我准备了一份珍贵的礼物——一张留有实习老师与全班学生签名的感恩卡。原来，这就是他们那天不想让我这个'老太太'知道的事情。他们在感恩卡上写道：'钟老师，您是我们遇见过的最有智慧的老师，您给了我们自由的成长空间，同时又规范了我们前行的轨迹，让我们可以在规则中自由地成长。'我很庆幸，那天晚上我控制住了情绪，没有在学生们的面前失态。"

[聆听手记]

有的老师有这样的体会：随着自己教育经验的增长和教育水平的提升，学生们对自己的喜爱程度却不增反减。尤其是当实习老师来了之后，这种现象显得尤为突出。

学生喜欢老师的基础是什么？他们既不在乎你的经验，也不在乎你的资历，只在乎你是否愿意用他们喜欢的方式和他们交流。从教经验和资历日益丰富的老教师们，却忘记了最初和学生们交往的方式。实习生的到来可以给老教师们很好的提醒，让我们回到初心，尝试着用学生们的视角去看这个世界，用学生们习惯的方式和他们交流，这时老师会发现，快乐成长与学业成功一点都不矛盾。

和异性学生相处，需要注意尺度

一天上午，去年刚入职的教师小帅打来电话说："老师您好，我有重要且紧急的事求助，中午可以来找您做咨询吗？"听得出来，他遇到了烦心事。

我与他约好了见面时间。在等待小帅到来的时间，我不禁猜测他的求助问题会是什么。

随着三声敲门声响起，小帅如约出现在了我的面前。名字叫小帅，人确实长得帅，真是名副其实的"小帅哥"。

"老师，您好！我没有迟到吧？小帅带着微微的喘气声问。

"你非常准时，给你的表现点个'赞'。在我看来，你应该是一个工作有计划、办事高效率的人。"我夸奖地说。

"老师，您过奖了。我今天真有棘手的事向您求助。我被二班的一个女生盯上了，是她一厢情愿地黏上我的，您说我该怎么办啊？"他急着想要得到处理此事的办法。

"你不要太着急，把前因后果说来听听。这种事一定要谨慎处理，鲁莽行事，伤害了谁都不好啊！"我想稳住他的情绪。

"事情是这样的：这个女生叫肖靖，常常主动找我问物理作业的问题。一开始，我总是耐心地为她解答，最近她找我的次数越来越多，我感觉有点反常，所以就有意识地躲她。昨天傍晚我下班回家，发现她在我家小区门口把一封信塞进我家信箱里。我取出信一看，吓我一跳。她在信中说：'我想告诉你，我喜欢你。每天问物理问题，其实就想跟你在一起。最近，我发现你有意躲我，我很伤心。见不到你，我无法安心读书。假如你还躲我，我就天天守在你家门口，看你如何躲！'遇到一位这么大胆的女生，我该怎么办？说实话，我有点害怕，怕毫无理性的她会做出傻事，对我造成不良影响。"小帅意识到了问题的严重性与复杂性。

"现在麻烦的是，春心萌动的女生喜欢上了你。你天天在讲台上展示，她时时在课堂上关注，你的一举一动都被她观察记录。你要躲避她的追踪很难啊！"

"那怎么办？难道我就无路可走了？"小帅担心地问。

"办法总是有的，但只有搞清楚原因才可以实施行动啊！"

"您是指什么原因？"小帅不解地问。

"肖靖喜欢你的原因啊！你靠什么吸引了她，是什么原因让她想天天跟你在一起？我想原因一定分两部分，一部分出在她身上，另一部分出在你身上。也就是说，处理这件事，需要从你与她两方面着手，但首先是从你这方面入手。"我严肃地说。

"是她单相思，我有什么责任呢？"小帅感到很无辜。

"你既不是物理老师，又不是她的科任老师，为什么她要找你问物理作业问题？你们交往中有故事发生吗？"我问。

小帅不好意思地说："因为一次偶然的经历我认识了她。"

"可以具体谈谈那一次偶然的经历吗？"我问。

"在学校教工团员与学生对战的篮球比赛上，也许是我在场上表现得不错，赢得了不少喝彩声。有一名啦啦队的女生不停地跳跃、叫喊：'帅哥加油！帅哥加油！'到比赛结束时，她给我送来一瓶矿泉水，并热情地对我说：'帅老师，你真帅！'我随口就说：'小美女，你真美！'几天后我们又在教学大楼的走廊上相遇，女生主动介绍自己叫肖靖。从那以后，我几乎每天都能遇到她，也有了交流。

"也许是为了满足虚荣心，也许是想证明自己的实力，我竟然答应帮她解答物理作业问题。就这样，肖靖天天来找我问物理。为此，我每天要复习中学物理知识，做物理习题，有时还要向物理老师请教。我知道这是不正常的状态，但面对她的热情，却难以拒绝。"

"肖靖找你的次数越来越多，你说感觉有点反常，能具体说说如何反常吗？"我继续问。

"首先，一个语文老师给学生辅导物理，我知道这本身就不正常。其次，她的脸上流露出来的是青睐、爱慕的神情。我隐约地感到，如此发展下去一定会出问题。所以，我选择了逃避，既逃避难以胜任的物理辅导，也逃避她的眼神。"小帅很清楚自己的处境，选择了主动回避的措施，只是不知道在被肖靖盯住不放的情况下，该如何成功脱身。

"从你与肖靖交往的过程来看，你的主动、热情无疑是促进关系发展的催化剂。春心萌动的女生，被你的热情吸引而陷进了想入非非的境地。现在，你想理性地抽身，自然让她难以接受。对她来说，拉开距离是必须要面对的现实；对你来说，情感降温是必须要经历的过程，而这一过程必须由你主动来完成。"

"该怎么完成？我该怎么做？"小帅急切地问。

"你好好想一想：自己对肖靖真实的定位是什么？在你心中她究竟是一个什么角色？是你的小妹、女友？还是你的学生？假如你把她当作小妹来看，那你平时为她做物理辅导，是出于对妹妹的关心，让她产生依赖感、信任感；假如你把她当作女友来看，那你与她之间必然会产生男女爱慕之情，让她产生亲密感、甜蜜感；假如你把她当作学生来看，那老师与学生之间必然要保持适度的距离和分寸，'小美女，你真美'这样的话可能是玩笑，但是从老师口中说出来是不合适的，何况你本来就是一名受女生青睐的帅哥老师。这种不够严肃的言行举止对学生来说具有很大的诱惑性，事实证明也确实产生了负面影响。"我认真地分析。

"我明白了，是我自己平时处理师生关系时不够谨慎才让肖靖误会了。我要找一个合适的机会向她说清楚，承认自己在物理辅导方面是力不从心的，只是为了满足自己的虚荣心，这会耽误她学习。我要消除她的错觉，恢复正常的师生关系。"小帅有所感悟地说。

"好，努力试一下吧，希望用你的真诚赢得肖靖的理解。如果肖靖方面还有问题，我们以后再谈。"

[聆听手记]

进入青春期的中学生对异性交往充满好奇与渴望，特别是女生，对帅哥老师更是充满好感。萌动的心，常常让她们进入情感的幻想之中。有的年轻老师也非常陶醉于被学生追捧、迷恋、崇拜的感觉之中，所以，这些因素催化了师生关系向亲密化、异常化发展，最后导致学生跌入"恋师"

的情感泥潭，也让个别老师体会了陷入"生恋"困境无法抽身的尴尬。

　　小帅老师的求助，反映了有的年轻老师对如何把握师生关系，特别是异性师生如何相处问题的困惑与迷茫。心理咨询师希望小帅老师能够分清信任与青睐的区别，在学生面前做到慎重、稳重地说话和行事。健康的师生关系既不是互相青睐的关系，也不是亲密关系。对学生而言，老师应是值得敬重的师长，是值得信赖的导师。

老师可以做妈妈吗

这天，我在学校里遇到陆丽老师。她拉着我的手说："老师，周二下午我继续到你这儿来，我儿子又有新的情况发生了。"

陆老师是一位优秀的小学青年教师，还没有结婚，她口中的"儿子"指的是她班上的一位叫易宁的特殊学生。两年前，易宁刚上一年级时，听力没有问题，能听懂别人在说什么，就是不愿意和他人交流，目光也不与他人对视。上课时，他能安静地听，所学的知识大都能掌握；下课时，他从不与同学一起玩；在宿舍，他总是机械地做完该做的事，在老师的注视下安静地就寝。他性格孤僻，容易受到惊吓，遇到问题常常躲进厕所。

陆老师请我做她这个个案的督导。两年来，她基本上每两周来一次，和我讨论易宁的情况。我建议她先去了解易宁的家庭背景和成长情况，对他要多关注，多宽容，并且要有耐心，不要过度热情，以免吓到他。

陆老师通过家访，了解了易宁的家庭情况及成长过程。易宁3岁的时候，他妈妈扔下父子两人远赴国外打工，从此再没有在他的生活中出现过。他爸爸因忙于工作，无暇照顾他的生活，所以，他从幼儿园开始就上了寄宿制学校。周末的时候，其他孩子都会被家长接回家，但他爸爸因为出差，常常不能接他回家。有时，他爸爸出差回来，会突然出现在学校，带他出去吃个饭，买个玩具做礼物，给他带来惊喜，但更多的周末，他是在失望中度过的，只能一个人在寝室里与小熊维尼为伴。小熊维尼是他爸爸送给他的玩具，每天晚上他都要抱着它睡觉。

我告诉陆老师，易宁出现的问题行为与他的家庭背景和成长环境有着极为紧密的关系。童年时期是一个孩子形成依恋行为的关键期，但在这个时期，他的父母分开了，年幼的他被送到寄宿制学校。他爸爸何时出现是他不能预期的。虽然他爸爸的突然出现能给他带来惊喜，但更多的时候，他感受的是孤独。

依恋理论告诉我们，一个人的心理能否健康发展，取决于他的心理结构中是否有一个安全基地。对儿童来说，这个安全基地更多地是由妈妈来打造的。如果妈妈是个"足够好"的妈妈，妈妈所打造的安全基地就会内化为孩子心中的安全基地，孩子长大后就有内在的安全感；如果没有"足够好"的妈妈，那么孩子就会表现出某些特征，他们更关注自己的智力活动，不太有情感反应。易宁的行为表现正是后者，没有"足够好"的妈妈，爸爸的出现又不能预期，因此他内心充满了不安全感，唯有小熊维尼才是陪伴他的忠实伙伴。

我建议陆老师对易宁的辅导从建立关系开始，好的关系是一切辅导的基础，但也不要操之过急，要用易宁愿意接受的方式慢慢接近他。陆老师做得很好，她没有刻意地表达关心，而是在经过易宁身边的时候，不经意地拍拍他的肩膀表现关怀。陆老师说："一开始的时候，她能感觉到易宁会出现躲避性的颤抖，慢慢地，他愿意接受我的肢体接触。每天晚上睡觉的时候，只要是我值班，我总会在离开前和易宁说'晚安'，并轻轻地在他额头上亲一下。学校组织春游的时候，我特意牵起他的小手，和他一起参加各种游戏。"

这两年，我们不断地跟进对易宁的心理辅导，每次陆老师到我这里来，总会高兴地告诉我新的进展：

易宁愿意看我了，愿意让我抱抱他了……

易宁开始和我说话了，居然在课堂上笑出声来了……

易宁开始愿意和小朋友做手拉手的游戏了……

确实，每个人都觉得易宁变得开朗起来了。但就在两个月前，陆老师惊喜地告诉我，那天就寝的时候，她一如既往地和易宁道"晚安"，就在她亲吻易宁的时候，易宁突然搂住了她的脖子，轻轻地说："你做我妈妈好吗？"当时她心头一热，心想一年多的付出终于换来了易宁的真心，便不假思索地说："好啊，我就是你的妈妈。"

当陆老师和我说到这里的时候，我提醒她，小心易宁对她产生移情现象。所谓移情，泛指诸如患者对医生、学生对老师等所产生的一种潜意识的爱与憎的情绪体验。通常，教育情境中的正向移情，即学生对老师产生好感或依赖感，对师生关系的建立是有利的。例如我们经常会听到学生说

"老师像妈妈一样地爱我"。但是如果这种情感转移的程度过强、转移量过多的话，可能会产生潜在的问题。

今天，陆老师就对我说："我觉得这几天易宁的行为有点反常，他好像特别在意我和其他小朋友的关系。上周我们班上有个小朋友在体育课上摔破了膝盖，我抱她到卫生室去涂红药水，易宁就很不高兴地对我说'妈妈，你不喜欢我了'，我当时没在意。结果第二天，他从二楼的楼梯上摔了下来，额头跌破了。我吓坏了，给他爸爸打完电话后，把他送到医院缝了五针。我看着都心疼，没想到易宁不仅不哭，还笑眯眯地对医生说：'是妈妈带我来的。'这孩子好奇怪啊！后来，他爸爸赶到了医院，我担心他爸爸会怪罪我监护不利，还没等我解释，易宁就对他爸爸说：'是我不小心从楼梯上摔下来的，和陆老师没有关系。'"

从陆老师的叙述中，我感觉到，易宁已经对她产生了强烈的移情现象。我提醒陆老师："移情现象在关系建立之初是有利的，但是一定要注意程度。像现在，易宁对你产生了过于强烈的移情，他把你当成了妈妈而不是老师，这样的关系对你和他都是不利的。"

"那我该怎么办呢?"

"易宁对你产生了移情，这是你努力的结果，这对于良好师生关系的建立是有帮助的。但是，当你发现易宁对你移情过度的时候，你要有策略地、果断地和及早地让他认识到这一点。所谓'有策略'，就是不能伤害易宁的自尊心。我建议你可以这样对易宁说'陆老师不仅爱你，也爱所有的小朋友'，让易宁意识到，他是不能独占你的爱的。所谓'果断'，就是你要明确地告诉易宁：'陆老师是你的老师，不是你的妈妈。'同时，你不能再说'我儿子'了，也要纠正易宁在公开场合叫你'妈妈'，以免引起易宁进一步的期望与误解。所谓'及早'，就是现在发现还来得及，因为作为老师，与学生分离是必然的。师生关系越健康、明晰，日后分离越方便、安全。若是你和易宁的关系始终纠缠不清，那么，日后的分离对易宁可能会是一次打击或者伤害。"

陆老师点点头，表示要努力处理好与易宁的关系。

[聆听手记]

老师究竟可不可以成为学生的妈妈？在师生关系中，学生把老师当成妈妈是一种移情现象。师生移情现象的产生，一般有以下几种情况。

一是新生初来乍到、举目无亲，因老师待人诚恳、善解人意，于是很容易神化老师的形象和作用，将老师看作温暖和智慧的化身，对其产生特殊的好感。

二是有的老师不但具有渊博的学识，而且姿容秀美，学生往往对其易产生既崇拜又朦胧的异性间的好感，最后干脆过渡到一种明显的爱欲指向，即师生恋。

易宁对陆老师的移情属于前者。移情通常发生在教师对学生做了或说了些什么，从而触动了学生心中未得到解决的问题之时，常发生于辅导关系建立的开始阶段，并且随着辅导的深入变得越来越强烈。移情对于良好师生关系的建立是有帮助的，有利于提升教师对学生的影响力，促进学生改进问题行为。如果这种情感可以促进学生心理成长的话，就没有什么特别的问题，但如果这种情感转移的程度过强、转移量过多的话，就可能有问题了。所以，教师若意识到学生移情过度的话，要有策略地（不要伤害学生的自尊心）、果断地（让学生知道教师明确、坚决的态度）、及早地（要早期发现，早期采取明确态度）进行处理，并将这种关系引向正常的师生辅导关系上来。如果任其发展，不但会干扰正常的师生关系，还会带来麻烦。

不要做让学生又爱又恨的人

这天早上刚上班，办公桌上的电话铃就响了起来，原来是王小芳老师打来电话预约中午做咨询。

王小芳是高二年级的班主任兼英语老师，学生对她是又爱又恨。说学生爱她，是因为在她的精心教学、严格管理下，班级的英语成绩在年级始终保持绝对领先的地位，英语学科成为班上每位同学值得骄傲的强项；说学生恨她，是因为她平时对学生非常严厉，假如有谁敢上英语课不认真、课后不努力，她会"死盯着你不放，课间、课后、午休和放学后，会把你请进办公室，读、抄、练英语，剥夺你一切休息时间来为英语学习加班加点"。

王老师很清楚在学校里，她是一名有争议的老师。但在她看来，"没有惩罚，没有规矩的教育，只会有失败的结果"。

我不知道王老师这么着急地要找我聊什么。

刚到12点，王老师就敲开了心理咨询室的门。我热情地邀请她进屋。"王老师，我感觉你有急事想聊，对吗？"我主动询问。

王老师严肃而又认真地说出了想聊的话题："如果学生恨老师，他们会伤害老师吗？"

我马上安慰她喝口水慢慢说，同时也很想知道，一贯态度强势、严厉的她遇到了什么情况，让她如此紧张和担忧。

王老师告诉我，她最近在班上与学生们发生了不愉快的事。"这次期中考试，我班英语成绩不理想，平均分落到了年级第二名。经过细致分析，我发现大部分同学发挥还算正常，主要是班上有5名学生的分数过低，导致班级平均分下滑。我特别不能接受这种状况的发生，感觉很丢脸，自尊心受到了极大的伤害。前几天，我在班上狠狠地批评了这5个学生，放学后把他们留下来，要他们深刻反省。他们不接受我的批评，一直僵持到晚上9点半，眼看着晚自修已结束，学生们该回寝室休息了，还有两个学生不是住校生，家长赶到学校找孩子。我只好约他们明天继续谈。在学生离开办公室时，我听到有人说：'明天我们不来学校，看你找谁谈。这种人去死吧！'

"晚上回到家，我的心情糟透了，一方面因为学生英语成绩滑坡会被人笑话而郁闷，另一方面因为学生不服管教而失落。我失眠了，一想到自己全身心的付出得不到回报就感到痛心，我不明白难道对学生严格管理错了吗？难道对学生出现问题进行严厉批评错了吗？尽管昨晚一夜未眠，但第二天我还是拖着疲乏无力的身体按时走进班级。等到早自修铃声响起，那5个学生真的没来上课，难道他们想用集体逃学的方式来抗拒我的教育吗？我真是既担心又害怕，不要出什么事儿哦！"

面对王老师的求助，我们一起探讨了管理学生的方法。

我为她准备了一张A4白纸和一支笔，请她将纸对折再对折，纸被分成了均等的四份。我在纸上分别标注了数字1、2、3、4，请王老师在数字1的区域中，画出此刻的心情。她一边思考，一边在中间位置画了一个人，然后在其周围画满了问号。画完后，她抬起头看着我说："此刻的心情就是困惑，头脑中有很多个问号挥之不去。"

"你受到这么多问题的困扰，心里一定很焦虑也很痛苦，对吧？"我点着头，表示理解。

"是的，这就是我急于求助的原因。"她肯定地说。

"好，我们仔细想想，是什么困扰了自己？请你在白纸上数字2的区域写出每个问号代表的问题。"

她手中的笔显得有点沉重，经过一番思考后，她写下："学生不需要严格管理吗？对学生严格管教错了吗？学生逃课是我的责任吗？我的担心是多余的吗？如果我给学生面子，那谁给我尊重呢？我该如何面对家长？我该怎样面对校长？自己每天辛苦地付出，究竟想得到什么？"

然后她停下笔来，认真地说："好像没有这么多问号。刚才心情不好，感觉自己被问号包围了，冷静地想想，其实就是两个问题——学生该不该管和该如何管。"

我微笑地点头，表示认同。作为教师，教育、引导、帮助学生是必须的，所以第一个问题可以得到明确的答案，应该管。第二个问题则需要我们思考：怎样的管理方式，才是学生们愿意接受并能产生良好效果的管理方式。

不知不觉 50 分钟过去了，我明确地告诉她："今天的咨询就此结束，没有解开的困惑，可以分两步进行：一是完成回家作业，二是期待下次再聊。"我给她布置的回家作业——请她在白纸上数字 3 的区域，写出如何管理学生的方法。

一周后，王老师电话预约再次见面。一见面，王老师就迫不及待地打开了手中的 A4 纸，"向你汇报我回家作业完成的情况"，说完望着我，渴望得到好的评价。

"真不错哎！"我真诚地赞美。

"最近我参加了关于思维导图技术运用的学习班，所以就用上了。"她得意地边说边展示了如下的图。

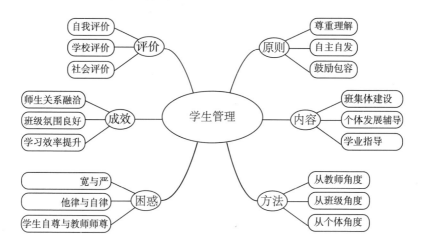

"你能够设计出如此完整的思维导图，说明你一定认真思考过相关问题。良好的师生关系建立了，切实有效的方法找到了，接下来最重要的就是如何行动了。"我说。

"现在我明白了，给予学生尊重和自主是最关键的，反思过去自己管理学生时态度太严厉、太强势，让学生感到压抑因而产生反感，最终导致学生恨我。从现在开始，我要改变对学生的态度，尝试一下新办法。"她深有感触地说。

"好，我们今天就'聊'到这里。"

"老师，我还有一个问题，白纸上数字4的区域，是用来做什么的？"

"这部分是用来填写或者画出你尝试新方法后的效果和感受的。"

"我懂了，这张纸呈现的是我咨询的过程：表达困惑的情绪，分析困惑的原因，消除困惑的办法，解决困惑后的效果。"

我对她伸出拇指，做了一个"赞"的手势。

王老师起身告辞时说："老师，谢谢你，心理咨询不是简单的聊天，我回去后一定好好行动，应该能成为让学生爱而不恨的老师。"

[聆听手记]

王老师是一个让学生又爱又恨的老师。她严厉，伤害了学生的自尊心，学生对她很反感，甚至痛恨；她严格，教的学生英语成绩出众，学生对她很敬佩甚至崇拜。有学生说："我们王老师是可信而不可爱的人，假如她能够既可爱又可信该多好！"

通过心理咨询，王老师意识到自己的问题出在：对学生的态度过于严厉而缺乏尊重，过于控制而缺少自主。令人欣喜的是，王老师通过绘制思维导图，明白了对学生的管理不是一个"严"字就可以办到的，需要从管理原则、管理内容、管理方法和管理评价等多方面去思考和操作。

思维导图又叫心智图，是表达发散性思维的有效的图形思维工具。思维导图就像神经细胞一样由一个点散发出多条线，运用图文并重的技巧，把各级主题的关系用相互隶属与相关的层级图表现出来，将主题关键词与图像、颜色等联结起来，从而开启人类大脑的无限潜能。

王老师运用思维导图来思考"如何管理学生"的问题，运用多角度、多层次、多途径来思考问题，是一种值得提倡的好方式。

如何站在家长的角度做班主任

小妍老师是刚入职的新教师，除了负责学科教学以外，还担任了初一年级的班主任。她所带班级的成绩在年级平行班里属于中等水平。

小妍老师这次来心理咨询室找我，是因为有一件事让她感到很受伤。她怀着不解与无奈的心情，向我诉说了最近开家长会的经历。

原来，期中考试后，学校要求召开家长会，小妍老师为此做了很认真的准备。因为在大学里学过心理学，所以她准备在这次家长会上，向家长们说一说孩子在成长各个阶段的特点，请家长不要过于在意孩子一时的成绩，而要关注孩子的个性发展，要重视青春期孩子的个性变化。她做好了PPT，请班干部美化了教室，信心满满地期待得到家长们的认可与支持。但是，在家长会上，还没等小妍老师打开PPT，家长们的问题就一个一个地提了出来："我家孩子小学成绩是数一数二的，为什么到了中学，退步那么大呢？""为什么别的班的学生每天有很多作业，而我们家的孩子每天回家都说没有作业呢？""学校经常安排什么歌咏赛、小话剧、志愿者等活动，孩子的心思不在学习上了，这怎么行？"……

小妍老师有点招架不住了，大声地对家长们说："请你们静一静，今天请你们来，是想告诉你们，心理学的研究表明，初一年级的孩子已经进入青春期了，他们的自我意识开始发展起来了，因此，他们有了独立性的需求，渴望父母尊重他们，希望能自己安排自己的生活……"

还没等她讲完，一位家长就打断了她的话："老师你好，我想知道我儿子这次期中考试的成绩在班级和年级中的排名。"

小妍老师答道："孩子的成绩是他们的隐私，我们班是不给孩子排名的，如果学生需要知道的话，我可以私下里告诉他本人！他自己有权决定告诉谁或者不告诉谁。"

"什么隐私！我们做父母的难道没有权利知道孩子的学习成绩吗?!""他们不撒谎已经够好了，我们来参加家长会，不就是为了知道孩子的真实水平吗?""不行、不行,我们要求换老师,把孩子交给你这样一位没有经验的年轻教师,我们不放心……"家长们对小妍老师不停地抱怨。

第二天,因有家长投诉,校长找小妍老师谈话并且指责了她。

小妍老师对我讲这些情况的时候,我能看出她的愤怒和委屈。我问她:"你知道你们学校选择学生的标准是什么吗?"

"我们学校好像是根据小学毕业班的期中考试成绩和区里统考的成绩来录取学生的。"她不确定地说。

"分数对大多数老百姓的孩子来说,是会决定他们命运的。"

"我当然知道分数的重要性,问题是,孩子们刚上初中,若是为了进重点高中,从现在就开始拼,他们是没有力气拼到初三的。因此我想,他们应该在初一的时候,好好发展综合能力,初二以后再全力以赴地拼成绩。"

"你这样的想法一定特别受孩子们欢迎,但家长未必会认同。"

"真是这样的。我们班的孩子常常把我的话拿来做与家长争论时的挡箭牌呢!"她有点得意。

"但是你觉得,家长和孩子的关系应该是对抗关系吗?"

"这倒不是,家长的所作所为应该是都为了孩子好吧。"

"是啊,但是因为孩子处于青春期,亲子间的距离拉开了,所以,家长最需要的是,有一位既能被孩子接受,又能站在家长的角度想问题的中间人帮助他们沟通。"

"您是说,我可以成为这样的中间人?"

我点了点头说:"那你可以帮助家长做些什么呢?"

她仔细想了想后,慢慢地说:"我觉得,家长感觉焦虑的原因可能有两个:一是孩子和他们说的话越来越少了,以至于他们不知道孩子在想什么;二是除了成绩,他们不知道孩子还有哪些能力在发展。"

我肯定了她的想法,"那你有什么办法帮助他们缓解这两个焦虑呢"?

"我可以把孩子跟我说的话说给家长听。对了,其实在家长会上,我根本用不着和家长说什么心理学研究结果的,只要组织一个类似'爸爸妈妈,我想对您说'的活动,效果一定会很好。"她兴奋起来。

"对呀,这是一个好主意,"我对她的想法表示赞同,"除此之外,你帮助你们班的孩子发展了哪些方面的能力呢？"

"那可多了，"她扳着手指头，得意地细数起来，"有篮球联盟、辩论社、文学社、爱心义工、象棋社、围棋社，等等。只要有 3 个人以上，就可以申请成立社团，42 个孩子几乎每个人都参加了两三个社团，一半以上的人是社长呢！"

"那么这些社团活动除了好玩以外，究竟能不能发展和锻炼孩子们的能力呢？"我问道。

"怎么不能？"小妍老师看我怀疑她不禁着急起来，"您看，他们要申请成立社团，先得选个方向吧，这不是锻炼他们的创新思维能力吗？我们规定，3 人以上才能组成社团，这就需要有人际沟通的能力；每个社团要有活动方案，这又锻炼了整体思维和规划能力。还有，他们可以聘请学校的老师作为他们社团的指导老师，这不又锻炼了他们发现和运用资源的能力了吗？……"她手舞足蹈，完全沉浸在她自己的世界里。

"那学科老师是怎么看待你们的班级活动呢？这么多社团会不会耽误孩子们做功课呢？"

"一开始是会有一点耽误的，有的孩子为了做规划，没有完成作业。后来我规定：一次不完成作业，警告；两次不完成，就取消社长的资格；三次没完成，取消社员的资格。这样，几乎没有不完成作业的情况发生了。而且重要的是，那些学科老师特别喜欢我们班级，他们上公开课都选我们班级，因为我们班的孩子思维特别活跃。"

"那你的这份用心有没有让家长看到呢？"

"嗯，没有吗？"小妍老师瞪大了双眼，不解地看着我，"他们每天和孩子在一起，应该能看到孩子的成长呀！"

"他们看到孩子每天忙着与功课无关的事情，考试成绩又不够理想，自然要来干涉你了！"

"怎么可以用一次胜败就论英雄呢！"小妍老师一脸无奈，"如果给我三年时间，我敢保证，我们班的孩子一定会比其他班级的孩子强！"

"口说无凭，你有什么证据呢？"我问道。

"证据？"她脸上写满了疑问，"那要三年以后才能看到呀！"

"三年那么久，家长怎么敢相信你呢？"

"那怎么办？"

"你们班既然已经组建了那么多的社团，为什么不让孩子们展示给家长看看呢？"我提议。

"您的意思是我们可以在开家长会的时候做社团展示，让家长看一看孩子们的能力？"

我微微颔首，不置可否。

小妍老师的眼睛一眨一眨的，我知道，在这个古灵精怪的小老师心中，又有一个新想法诞生了。

[聆听手记]

家长对年轻教师做班主任的担心不是没有道理的，因为新手教师普遍缺少管理经验，但是，从另一个角度看，进入青春期的孩子对同龄人开放和对成年人闭锁的心理特征，导致了他们与家长和教师的沟通会减少。如果这个时候有一个年轻的班主任，以亦师亦友的身份和孩子们相处，那么，他是完全可以成为青春期孩子和父母之间的沟通桥梁的。只是，年轻教师缺乏的可能是与家长沟通的经验，所以，作为一名年轻教师，要顾及家长的焦虑和需求，然后把你管理班级的长处展现给家长，让他们看到孩子在你的带领下在学习兴趣和学习能力上的发展，这样才会有更多的家长支持你。

夹在中间难做人

这天，我收到班主任曹老师发给我的短信，预约下午 2 点来心理咨询室找我，说有一件棘手的事想咨询。曹老师是一个优秀的中年教师，平时听到较多的是她获得教育、教学成果的喜讯，而且她与学生、同事们的关系很和谐，也没有听说她在家庭方面有矛盾冲突，她会有什么棘手的事呢？

下午，曹老师如约出现在我的面前，我热情地招呼她。

曹老师坐定后说："昨天，校长找我谈话，学生家长联名向学校投诉我班学生的英语成绩一塌糊涂，几次考试平均成绩在年级都是垫底的。家长们反映英语老师的业务能力太差，班级管理水平糟糕，在学生中没有威信，要求更换。校长让我拿个处理方案，既要平息家长们的情绪，又要向英语老师转告家长反映的情况。昨晚，我一直在想这个方案，但实在没有合适的办法，所以，就想请你帮我支支招。"

问题确实很棘手。一方是校长的要求，一方是家长的投诉，还有一方是同事的问题，得罪哪一方都不好。"我挺同情你目前的处境，但我们好好想一想：在困境中是否有突围的可能。要想突围，突破口在哪里？也就是说，除了校长、家长、同事，还有谁也是涉及此事的关键人物？"我启发曹老师寻找解决问题的关键因素。

"你是说我吗？我是关键人物？"她将信将疑地问。

"你确实是一个关键人物，在校长、家长、同事的关系中，你是三方的焦点，起纽带作用，这正是校长找你拿方案的原因。但我觉得还有比你更关键的人存在，如果解决了他们的问题，也就解决了校长的担忧、家长的烦恼和同事的无奈。"我进一步提示。

"学校、课堂、家庭，都是为学生服务的，学生的问题是最大的问题，也是最重要的问题。我知道了，最关键的人应该是学生。"曹老师终于明白我的意思了。

"我们要在了解学生的需求，解决学生的困惑，提高学生对英语老师的接纳程度和改变学生英语成绩上下功夫。你想，假如师生关系和谐了，学习成绩提高了，家长自然也就不会投诉了，校长的难题不也自然解决了吗?"我轻松而乐观地说。

曹老师紧锁的眉头渐渐地舒展开来，但她马上提出新的问题:"作为班主任，我该如何解决学生的抱怨，如何协调学生与英语老师的关系呢? 为了提高学生的英语成绩，我可以做点什么呢?"

要想解决这些问题不仅需要方法，更需要时间。但我要与曹老师探讨的是，学生目前的关键问题是什么? 主要是英语成绩差，学习缺乏信心; 抱怨老师，不信任老师。面对现状，学生家长把问题归结为英语老师教学能力差，才导致学生成绩不佳。所以，撤换英语老师就成了他们提高孩子英语成绩的唯一希望。

其实，影响学生学习成绩的因素有很多，既可能是老师的教学水平问题，也可能是学生的学习态度问题; 既可能是外部环境影响的问题，也可能是学生内部动力不足的问题; 既可能是学生学习基础的问题，也可能是学习能力的问题，所以，我们要从学生的学与老师的教两个方面剖析原因，寻找对策。

曹老师是个悟性很高的老师，在我的启发下，她已经有了做好学生工作、平复家长情绪的想法。"我想利用班会课就英语学习、英语成绩和英语老师等一系列问题开展讨论，激发同学们学习英语的自觉性和主动性，提高英语成绩。"

"你的想法不错，但需要寻找一个合理的切入口，光讲大道理没用。要让学生思考、感悟和提升，有一个方法你不妨一试:解决抱怨的'八字方针'。"

"老师，你能详细说说是哪八个字吗?"曹老师急着想知道答案。

"首先是'抱怨'。老师要让学生把最近遭遇的不满情绪说出来。比如，'天气寒冷，早锻炼太痛苦啦!''食堂排队时间长，饭菜特难吃。''作业太多啦! 周末都不能睡个懒觉。''英语老师水平太差，整天还摆出一张臭脸!'……老师既可以让学生在抱怨中发泄情绪，又可以在学生的抱怨中了解他们的感受与需求。在学生充分抱怨后，老师再提出问题:'大家有抱怨情绪是正常的，因为万事不可能都如意，但面对现实一味地抱怨，能够解决问题吗？显然是不能的。过度抱怨不会带来任何建设性的意见，只能降低解决问题的可能性，破坏积极的人际关系，那我们应该怎么办呢？'

"其次是'提议'，老师要让学生用'头脑风暴'的方式，提出各种各样解决问题的方法。所谓'头脑风暴'，最早是精神病理学上的用语，指精神病患者的精神错乱状态；而现在则比喻思维高度活跃，打破常规的思维方式而产生大量创造性设想的状况。它成为无限制的自由联想和讨论的代名词，其目的在于产生新观念或激发创新设想。

"老师可以在学生的各种抱怨中，选择具有共性的抱怨进行集体'提议'。'英语老师水平太差，怎么办？'让学生讨论提出解决这一抱怨的办法。比如，强烈要求撤换英语老师；让学校把她开除；开个声讨大会，直接表达学生们的不满；让英语课代表转达学生们的要求；建议英语老师进修学习，提高业务水平；课后学生们请其他老师补课；请家教提高英语成绩；让英语老师与家长沟通，听听家长们的意见……学生们的提议刚开始很可能是冲动的、非理性的，但随着老师的启发，会变得越来越趋向理性。

"再次是'选择'。面对学生提出的大量提议，老师要带领学生进行合情、合理、合法的选择。比如，'开除'合法吗？'撤换英语老师'合理吗？'开个声讨大会'合情吗？

"最后是'行动'。老师要让学生选择最合适的方法解决师生矛盾。从教师的教和学生的学两个方面进行改进，只有做出行动才会有改变。"

曹老师听后很有感触地说："谢谢你，我一定利用班会课去尝试一下。"

一周后，曹老师给我打来反馈电话说："我运用消除抱怨的'八字方针'，分别召开了学生主题班会和家长会，让英语老师也全程参加了活动。她亲身感受到了学生与家长的情绪和要求，并虚心接受大家的建议。她表示一方面会努力加强个人业务进修，尽快提高教学水平；另一方面会耐心对待学生的提问，激发学生英语学习的积极性，加强课后辅导，帮助学生提高英语成绩。英语老师的态度赢得了家长们的谅解。"

家长投诉是因为孩子英语成绩不好，学生抱怨是因为觉得老师教学水平太差，英语老师无奈是因为学生太不配合，校长烦恼是因为家长投诉，而班主任焦虑是因为校长让她拿出解决方案。这真是环环相扣，扣扣难解。但我们是否看到一个问题——每个人都站在自己的角度思考问题，主要考虑了不可控的外部因素的影响，而缺乏对可控的内部因素的思考？

班主任要让学生、家长、老师、校长了解合理归因的要诀，启发合理归因。这里有三个要诀。

要诀一：要客观、全面地分析影响自己成败的原因，不做主观臆断；

要诀二：在一般情况下，先从自己内部找原因，激发自我责任感，不要一味埋怨外部环境，也不要一味自责；

要诀三：尽量找自己可以改变的原因，不要过多归于不可改变的因素。

每个人都改变了归因，可能也就找到了解决问题的方法。

棘手的问题得到初步的解决，曹老师终于露出了欣慰的微笑。

[聆听手记]

在学校里，班主任经常会遇到学生与科任老师发生矛盾的情况，假如这样的矛盾得不到及时缓解，就可能伤及多方。班主任确实是学生、家长、科任老师和校长等多方的联系纽带，是学校工作中的关键性人物。

班主任提高人际交往能力和沟通技巧，可以很好地化解师生矛盾及家校矛盾，最大限度地贯彻落实学校教育理念和方针，同时也能有效地传达家长的需求和愿望，为学生创造最佳的成长环境。

班主任究竟是个什么角色呢？现代教育意义上的班主任，其角色内涵应该是丰富多元的：他不仅仅是"管理专家"，还是"学生的好伙伴""团队的领头雁""组织的大法官"等。所以，班主任应该是学生学习的引导者、人际关系的协调者、人格完善的促进者和身心健康的维护者。

如何与"刺头"学生打交道

　　张芳是一名英语老师，由于第一次教初二学生，所以对学生的学习抓得特别紧。班上有一名个性极强的男生，经常公开挑战张老师的教学方法。平时，张老师总是忍着不与他发生正面冲突，但前几天在课堂上发生的一件事，让两个人之间的冲突彻底爆发。

　　因为一个单词读音的问题，尽管全班同学反复读了 10 分钟了，也没有让张老师感到满意，于是那个男生坐在座位上大声抗议："张老师，你这样做有必要吗？"张老师一下子就火了："你是老师还是我是老师？我觉得有必要就有必要。你如果觉得没必要，就给我走人！"这位男生回家就向他妈妈抱怨张老师不好，说他不想在这所学校待了。家长是一个急性子，直接到校长室把张老师给告了。

　　校长既要尊重学生和家长的需求，又要保护教师的权益，因此请我与其他心理老师分别为学生、家长和张老师做心理辅导。

　　张芳老师如约而来，一副气鼓鼓的样子，进门就对我说："我不是来接受你批评的。"

　　"我怎么会批评你呢？我只是想与你一起澄清事实，解决问题哦！"我笑着招呼她坐下。

　　"是吗？"她有点意外，"那就是说，你会帮我对付那臭小子和他妈妈喽！"

　　"我希望帮你理清自己在问题中的位置，以便能够做出更合理的决定。"

　　"原来是这样。"看得出来，张老师放下了原先戒备的心理。"学校有个不成文的规定，初二年级期末考试学生成绩排末位的老师，就不能教毕业班。我已经教了三年初一学生了，今年第一次教初二学生，还从来没有带过毕业班的学生。说实话，我就是想让学生取得好成绩，不想被末位淘汰。我知道学生烦我，但我对他们严格要求也是为了他们好啊！初二学得扎实一点，初三不就可以轻松一点了吗？"张老师说。

"嗯。你仔细想一想：你对孩子严一点，是从孩子未来发展的立场上考虑的，还是从自己想带初三学生的立场上考虑的？"我反问她。

"这两个难道有什么不一样吗？"她有点不解。

"当然不一样。前者是以生为本的教学观，从学生的成长需求出发；而后者则是从你自己的未来考虑，学生的成绩只是你个人发展的工具而已。"我看着她的眼睛一字一顿地说，担心她不接受我的说法。

张老师皱着眉头仔细思考了一会儿，缓缓地说："哦，这个我倒从来没有这样想过。我只是想，我这么辛苦，连我自己的孩子都不管，一心扑在学生身上，还不是为了他们的成绩能好一点，能上一个好的高中，有一个好的未来。"

"看上去结果似乎是一致的，但从心理学的角度来看，却是不一样的。前者，学生是为了成为自己心中的那个自己而努力；而后者，学生是为了成为你想要的那个他而努力。当然，对大部分的学生而言，他心目中的自己还不够清晰、明确，于是他就朝着老师要求的那个他而努力了。但是这个男生不一样，他有自己的想法，有自己的标准和追求，而你强加给他的那个标准正好与他自己的标准是有冲突的，于是，你们之间必然产生矛盾。"

"这么说起来，他不仅和我有矛盾，应该和所有老师都有矛盾？"

"对呀，他的情绪冲突总要找一个代言人的，你正好遇上了。"

"这么说来，是我倒霉撞上他了。他今天若不和我发生冲突，终有一天，也会和其他老师发生冲突，是吗？"张老师反问我。

"也许会，也许不会，关键要看我们怎么看待这个男生的行为。"

"你说这个学生以后怎么可能在社会上立足呢？他总是装作很酷的样子，说这个不对，那个不行。他虽然聪明，知识面很广，看过很多书，但是他读书不刻苦，从来不肯花时间背书和默写，因此拿不到高分。你说像他这样的学生，是不是该灭灭他的威风呢？不然，他真不知道外面的世界有多大呢！"

"但是你用什么来灭他的威风呢？是用你做教师的权力吗？"我反问。

她愣住了："你的意思是说，他本来就在反抗权威，我若是再用教师的权威去压他，反而更会激发他反抗的欲望，是吗？"

"是的，"我微笑点头，"看来你已经看到问题的关键点了。"

"那么，这样的学生就任由他发展吗？如果这样，不是对其他学生很不公平吗？我们老师的权威就该受到这些学生的质疑吗？"她有点激动地反问。

"作为教师，因为我们面对的是不同个性的学生，所以从严格的意义上来讲，教育是没有一成不变的模式的。像你遇到的这个男生，他在个性上可能有偏执型人格倾向的特征。这种个性的学生敏感，易怒，容易走极端。因此，教师需要小心行事，不要充当引爆其情绪的导火索。接纳他的情绪和情感是我们帮助他的起点，也是自我保护的一个路径。最近几年发生的有些学生袭击教师的案例，基本情况也是如此，受袭的教师多数并没有和袭击者产生很深的矛盾冲突。"

"你这么说，我能接受。"张老师点了点头，"其实我和他也没有什么仇，他是个很聪明的学生，和其他同龄的学生比起来，比较有自己的见解。如果我越是不接受他，他就越是要找办法来反对我，这样我也很累。我知道该如何和他相处了，其实他有些想法还是有道理的，如果我先接受他，或许他也会接受我。"

"对的，这就是老师的态度了。"我知道，张老师已经找到解决这个问题的方法了。

[**聆听手记**]

遇到"刺头"学生和"刺头"家长以后，教师或者采取据理力争的方法，以维护自己做教师的人格尊严；或者全盘放弃，以息事宁人的方法减缓矛盾的进一步升级。事实上，这两种方法都不是最佳的教育策略。遇到这种学生的时候，你首先要冷静地想一想，他反抗的可能并不是你本人，而是你作为教师所代表的一种权威。尤其是青春期的学生，他们独立意识渐强，以反权威为荣。所以，教师要读懂学生心理，以情动人、以理服人，在尊重、接纳的基础上，引导学生成长、成熟。在遇到师生冲突时，请控制好你自己的语言和行为，不冲动行事，不激化矛盾，不以权压人，运用"温柔的力量"平复学生的情绪，感化学生的情感，这既是教师的基本职业素养，又是教师自我保护的方法。

与师傅竞争与合作的正确姿势

米芸老师既是学校的科研室主任，又是骨干教师，平时工作作风雷厉风行，处事果断。

这天，米老师来心理咨询室找我，突然问道："我算不算是一个忘恩负义的人呢？"

听到这种结论性的判断，我觉得这背后一定有故事，而且这个故事一定和一些特定的人有关系，因此我请她讲讲自己的故事。

"我刚进学校就做了班主任，还教高一语文。第一年的教学和班级管理工作基本上就是在瞎摸瞎撞中过来的。当时和我在同一个年级组的敏姐是组内最年轻的老教师，我有什么问题都会先去问她。敏姐温婉、漂亮，做事不急不躁，在教学和班级管理上很有办法。她班的学生学习成绩和行为规范都很好。敏姐给了我很多指点，真的是毫无保留，还向校长推荐我参与了她负责的学校的重要课题。课题研究的过程是对一个年轻教师最好的训练过程，极大地打开了我的工作思路，因此，在我的心目中，我一直是把敏姐当成师傅的。今天我之所以能走上科研这条路，也与她的一路引导与提携分不开。

"但是，我却做了一件对不起敏姐的事。当时区里要评选学科带头人，评选的方式有点像现在的微信拉票，谁的票数多，谁就能当选，但那个时候我却一点也没有这样的意识。我以为，敏姐这次带我参加区学科带头人的汇报评选又是一次给我开阔眼界的学习机会。事实上，这确实是我人生中第一次领略到原来教育教学工作中居然还有这么多美妙的事情，我真的就像是走进大观园的刘姥姥一样，有点兴奋和不知所措了。

"那天，敏姐的汇报其实也是很好的，只是她的故事我听过太多遍了，所以没有了新鲜感。而在这次汇报评选时，我第一次听到了朱老师的汇报，被深深地吸引，不由自主地投了朱老师一票。"

说到这里，她停了下来，脸上露出了懊恼的神情。

"那敏姐知道你没有投她的票吗？"我问道。

"我没有勇气向她承认这件事，因为投票以后，团队的其他人对敏姐都兴奋地说'我们投了你呀''我让我的朋友也投了你呀'这样的话，只有我什么也没有说。后来听说，敏姐和最后一位被选上的老师只差了几票。敏姐虽然没有直接对我表达过什么想法，但我能感觉到她不像以前那么信任我了。为了弥补我的过错，我对敏姐几乎是言听计从的，尽管有的时候，觉得自己似乎是被敏姐控制起来了。"听得出来，米老师的语气中带着忍辱负重的味道。

"这些都是多年前发生的事情了，是不是最近你和她遇到了什么问题？"

"是的。事实上，五年前敏姐已经离开学校到区里做科研负责人了，终于可以不用天天见面，我觉得可以松一口气了。没想到最近评选学科带头人的时候，我和敏姐被分到了同一个评审组，同为候选人。我是不是应该成全敏姐？因为这次评审对她来说，或许是她职业生涯中参加的最后一次评审了。"米老师希望得到我的答案。

"如果你已经这样决定的话，就不会来找我了吧？"我对她的问题提出了质问。

她一愣，继而有点不好意思地说："是的。如果我真的这样做了，我觉得自己又被敏姐控制了，会很不舒服。但是，如果不这样做，又觉得自己像个'白眼狼'，当初要是我投了她的票，或许她那次就被评上学科带头人了。"

"我来帮你澄清一下，你说你觉得自己被敏姐控制了，就拿这次评审的事情来说，敏姐做过任何希望你退出评审的暗示吗？"

米芸仔细地想了想说："这倒没有，她听说我也参加评审的时候，好像还是很高兴的，她说我是到了该露一露头角的年龄了。"

"这么说来，你觉得你被敏姐控制了，那究竟是她控制了你，还是你自己控制了你与敏姐的交往呢？"

她愣住了："你是说，这两个是不一样的，对吗？"

"是的。在你的心中似乎一直有一个心理暗示，只要你和敏姐在一起，它就会不断地提醒你：'敏姐对你有恩，你要报答；你有负于敏姐，你要补偿。'这个声音让你和敏姐的交往一直处在不平等的状态中，所以，你觉得敏姐控制你。事实上，控制你的不是敏姐，而是你自己的心理暗示。"

"真的是这样的呢。我一见到敏姐，心中就是这两句话，像患了强迫症一样，那么，我该如何消除它对我的影响呢？"

"上次学科带头人评审，如果你投了敏姐一票，是不是意味着敏姐一定能被评上？这次是不是只有你退出，才能保证敏姐一定能被评上？敏姐当年虽然没能被评上学科带头人，但是她成了区里的科研负责人，所以说，学科带头人只不过是衡量一个人能力的一个方面，而不是全部，敏姐的实力还是摆在那里的，你说对吗？"

当我用对质的方法请米芸思考这些问题的时候，她自己也哑然失笑："我为什么会那么傻，以为委屈自己就是对敏姐最好的报恩和补偿呢？我们后来一直没有很好地合作，可能是因为我对敏姐一直是敬而远之的，生怕一不小心就冒犯了她，也害怕因为走近了被她控制，事实上我是被自己的心理暗示控制了。"

"是的。合作一定是建立在双方平等双赢的基础上的。所谓'双赢'、所谓'帮助'、所谓'报答'，都不是将你的成果送给人家，那是施舍，接受的那方未必会感谢你，相反可能会有受辱的感觉。真正的'双赢'是让双方在合作的过程中都能满足彼此的需要，就像你刚进学校那会儿，敏姐帮助你，既是帮助也是合作，敏姐一定会在帮助你的同时，体会到自己的价值。"

接着我讲了一个故事：有一个年轻人将一艘船扛在肩上赶路，他感觉很累，因为船又大又重，他总是不能在预计的时间赶到预定的地点。为此他很苦恼，于是找老和尚讨教。老和尚问他："你为何要扛着一艘船赶路呢？"年轻人说："当初遇到大河的时候，是船帮助我渡河的。"

"既然船是用来渡河的，那么渡过河以后在陆地上行走，船还能帮助你什么？"

"虽然没有用了，但是船帮助我渡过了大河，因此，船对我有恩。"

"你一路行来，对你有恩的又岂止是船，难道你要把所有对你有恩的东西都背负着行走吗？"

"那么放下船，不就成了一个有恩不报的人吗？"

"过河时，船是有用的；但过了河，我们就要放下船赶路，否则，它会变成我们的包袱。"

米芸静静地听完我讲的故事，然后说："我明白了，我知道该怎么和敏姐相处了。"

[聆听手记]

每个人在成长的过程中，都可能会遇到来自他人在各个方面的帮助与提携，有的帮助是直接的、显性的；而有的却是间接的、隐性的。知恩图报的确是一种美德，但如果像故事中的年轻人一样，对船感恩就要把船高高地举在头顶，那么曾经的帮助就成了负担，成了控制你的心理暗示！

在和米芸交流的过程中，心理咨询师一直采用的是心理咨询中的对质方法，不断地让她意识到她纠结的这个问题存在的情感、观念以及行为中的矛盾之处，并促使她面对或正视这些矛盾。

心理学的研究已经证明，助人是一种利他行为，是人类的基本动机之一。因此，人与人之间最好的相处形式是互助，是在平等和双赢基础上的合作。在这样的相处模式中，合作双方才能满足各自的需求，并在合作中达到共同成长。米芸意识到这一点的时候，这个控制了她多年的心理暗示也就可以烟消云散了。

都是升职惹的祸

赵琳老师一年前升职担任了学校的政教主任。她勤奋好学，常常在会议结束后与我探讨工作上的问题。

这天，会议结束后，她对我说："老师，我觉得自己遇到了人生中最大的抉择问题，职业发展走进了死胡同，希望能得到您的指点。"她的话题直接指向了职业咨询，而不是讨论哪一项具体的工作，我建议她到我的心理咨询室具体面谈。

一进入心理咨询室，她马上说："现在感觉我的人际关系糟透了，这都是升职惹的祸。"她沮丧的神情下还带着疲惫。

"可以具体说说升职惹什么祸了吗?"

赵老师有点犹豫，我没有逼她。静静地过了大约五分钟，她像是下定了决心似的说："其实，这个问题憋在我心里有一年了，不说出来实在要把我憋疯了。我升职以后，我们团委书记处处跟我过不去。我做班主任的时候，她是我的领导;我这一升职，她就成了我的副手。听别人说，原来政教主任这个位置应该是她的，我升职挡住了她原本计划内的职业发展之路，自然，她会处处为难我。"

"这是你主观的感受，还是客观的现实?"我问。

"我觉得是真的。当初我做班主任的时候，为了安排学生活动，我俩发生过冲突;现在凡是需要我们合作的工作，她一点都不配合，总是在开会的时候质疑我，背后挑唆我和班主任们的关系，还说一些很难听的话。"她停顿了一下，叹了口气，继续说，"原来我遇到问题，还可以去请教前任政教主任和校长，但是，上个学期前任政教主任去其他学校做副校长了，校长去其他学校任职了，新校长对所有人都保持一定的距离。"

"这么说来，当初提拔你的两位领导现在都调离了，你需要重新建立人际支持系统了，对吗?"

"是的，可是我与新校长曾经也有过矛盾。"

"新校长才来半年，你就和他发生冲突了？"

"不是他来了以后，而是之前。因为我的孩子是新校长原来学校的学生，在一次家长会上，我曾经因为校园安全问题与他起过冲突，没想到，他现在成了我的领导，他会不会在工作上为难我？而且，他和团委书记走得很近，我就更担心了。"

"这也是你的猜测吧。新校长来了以后，你主动向他汇报过工作吗？"

"这倒还没有，也没有遇到需要和他具体讨论的事情。"赵老师一脸落寞。

"除了团委书记和新校长，你还有哪些人际交往的困难呢？"

"班主任也不配合。原来我做班主任的时候，领导布置什么任务，我从来都不讨价还价的；现在的班主任，我布置一项任务，他们就会提出十个困难来回我，对待工作总是能拖的拖，能躲的躲。"说到这里的时候，她开始激动起来。

"新校长不支持，团委书记不配合，班主任不合作，这样看起来，你这个政教主任的工作确实遇到了很大的挑战，现在你自己想过怎么办吗？"

"我想干脆辞职算了，到另一所学校重新做班主任。对新校长，我总是心存芥蒂；对团委书记，我感觉她处处给我使绊子，在新校长和班主任面前说我坏话，现在，谁都知道我和她的关系不好，这样做下去还有什么意思呢？"

"赵老师，从班主任到政教主任，其实是从一个具体执行者的岗位升职为一个管理者的岗位了，这两个岗位的工作任务和方式是不一样的。你是否想过，今天遇到的这些人际困惑，你的前任也遇到过呢？"

在职业咨询的过程中，遇到是否要辞职的问题，很多时候是当事人内心遭遇了挑战，人的本能反应是逃避，但逃避只是暂时回避了问题，并不能真正去解决问题，因此，我需要引导赵老师寻找解决问题的路径。从与她的交往中，我能感受到她对她的前任一直是非常崇敬的，那么，让她思考她的前任会怎么做，可以帮助她走出自己营造的困境。

"这个问题我倒是从来都没有想过，我只是觉得我的前任一直是一副淡定行事的样子，见到谁都笑眯眯的。我从来没有感觉到政教主任的工作是很忙乱的，不像现在的我每天风风火火的，但还是觉得没有把工作做好。"

"如果你的前任在，他会怎么处理你遇到的这些麻烦事呢？"

这个问题把赵琳问住了，她思考了很久，然后慢慢地说："我的前任是怎么和校长、团委书记相处的我不清楚，但是面对班主任的工作，他的处理方式常常是这样的：他会根据每个班主任的特点分配任务，让每个人完成自己最有能力完成的一部分，最后通过大家的合作完成任务。这样，尽管大家也有叫苦、叫累的，但不至于会像他们对我那样，直接罢工了。"

"你能想到这一点非常好，那么，面对团委书记的'陷害'，你有没有想过，她的'陷害'是不是都切中你的要害呢？"

我的质疑把她惊住了，她呆呆地看着我说："你的意思是不是说，我的能力不足以担任政教主任一职？"

"每个人都不是等到具备了全部能力以后才开始工作的，能力总是在不断地面对挑战的过程中逐步培养起来的。你是一个执行力特别强的人，因此，在班主任岗位上，你可以做得非常出色。但是，到了政教主任这个岗位以后，除了执行力以外，还需要人际沟通的协调能力和团队管理能力，这些是不是你的短板呢？"

赵琳一边听，一边点头："我也知道人际沟通是我的短板，以前根本就没有意识到这个能力的重要性。我总觉得，只要努力干就行，现在看起来，这正是我要努力改进的地方。"

"这样说来，似乎很多原因还是与自己有关，你的同事总是选择在你的软肋处发起进攻，而你却被她回回击倒。"

赵琳默默地点头。

"如果从这个角度来看问题，不论是换校还是换岗，还是会遇到人际沟通和协调的问题，既然如此，就索性直面自己的软肋，想法改善才是上策。"

"我该怎么来改善呢？"

"既然人际沟通是你的短板，那你可以先从这几个方面入手。第一，你要主动与新校长沟通，让他知道你的焦虑，争取得到他更多的支持和理解。其实，大家都是明眼人，自己有哪些不足，不掩饰反而显得主动。第二，和新校长一起分析学校情况和工作计划，让他了解你的工作思路，同时你也可以了解新校长对学校发展的想法，主动让你的计划成为新校长计划的一个部分，让新校长看到你的努力。第三，把同事的指责点当作自己的提升点，既然这些意见是真实的，那么，你该感谢有这样的一些诤友，不必对这些评价产生负面情绪，把精力放在工作上。如果做好了这些事情，情况还是没有什么改观，那么再想想是否该换个环境。"

几天以后，赵琳告诉我，她不准备换学校了，和新校长交流以后，她发现新校长对她的整体反馈还是好的，虽然也意识到她在某些问题的处理上确有不妥，但依然愿意给她机会等待她成长，并且，还聘请了她的前任作为她的带教指导，帮助她尽快地适应，更好地发展。

[聆听手记]

在工作中，人际关系是一个绕不开的话题。教师随着职务的升迁，需要人际协调的范围会变得越来越广，政教主任是学校的中层岗位，与班主任岗位的不同之处在于，既要协调好与上级领导的关系，力图使自己的工作节奏与学校的工作节奏保持一致，又要协调好与下属的关系，这是保证工作得以落实的关键，同时，更要协调好与同事的合作关系。

在职场上，复杂的人际关系很可能是由双方起初恶意的揣测建立起来的，比如对团委书记，赵琳起初的揣测是团委书记觊觎自己的职位，因此会攻击她，诋毁她；而对新校长，赵琳就揣测由于曾经发生过冲突，新校长不喜欢自己。所以，在咨询过程中，心理咨询师不断地提醒赵老师："这是你主观的感受，还是客观的现实？"人际关系往往会因为双方主观恶意的揣测而加深彼此沟通的难度，从而加大了沟通的障碍，以致成为职业的危机。

因此，在职场的人际沟通中，对未知的原因，我们如果选择善意地理解，矛盾就容易化解，困惑就容易解开，请记住：尊重、理解、接纳、包容是人际沟通成功的密钥。

渐行渐远的闺蜜

一天，在给青年教师上完课后，一位女教师跑过来约我为她的闺蜜做心理咨询。

到了约定时间，女教师如约前来。

"介绍一下你和你闺蜜的基本情况吧。"我招呼她坐下慢慢说。

"我叫李蕴，我闺蜜叫章瑾，我俩是大学同学，还是室友。毕业以后，我们一同应聘当老师。当时，她面试了两所学校，两所学校都决定要她，然后她推荐了我。"李蕴快人快语，边说边比画，看得出来，她是一个性格活泼的女孩。

"这么说来，章瑾不仅是你的闺蜜，对你还有举荐之恩。"我问。

"是的。虽然我们现在不在同一所学校工作，但是我们教同一学科。每次教研活动中我们都会切磋教学上的问题，也会谈对未来生活的规划。每次她都会给我一些启发，她是一个很有想法的人。"

"听下来，你对章瑾有点依赖？"既然李蕴是为章瑾而来做心理咨询的，我需要不断地澄清她和章瑾的关系。

这次她没有马上回答我，思考了一下说："被您这么一说，确实如此。在大学时，章瑾是'学霸'，每次考试，都是她帮我复习的，尽管她只比我大了两个月，但是在我面前，她一直管自己叫'老姐'。"

"除了章瑾，你还有其他朋友吗？"

"有啊。我们寝室一共有四个人，我和另外两个人的关系都很好，但是章瑾和她们的关系就很一般。我要么和她一起玩，要么和那两人玩，我们四个人一起玩的时间倒真的不多。毕业以后，因为我们俩在一个区工作，因此我和她的来往最多了。"

"那么，章瑾除了你，还有其他好友吗？"

"应该也有。我一直听她说，她和她们学校的夏翔关系很好。"李蕴说到夏翔的时候像恍然大悟，"被您这么一问，我想起来了，章瑾好像喜欢一对一地和朋友交往，不像我，喜欢和一大帮朋友聚会。"她一边说，一边挥动着双手，"还有，有好几次我约她出去玩，让她叫上夏翔，她都说夏翔没空，但是她和夏翔出去玩的时候，从来没有叫过我。"

我耐心地听她述说着她和章瑾、夏翔三人之间的关系。

"你这次找我，是不是因为你们的关系出现了什么问题?"我把话题转回来。

"是的。我觉得我们之间的关系好像越来越远了。"她有点沮丧地说。

"发生了什么事情呢?"

"先从新教师教学大赛说起吧。那是两年前的事情了，我找章瑾一起备课，以前在大学里，每次章瑾考得都比我好，可是这次教学大赛，我却得了一等奖，而章瑾只拿了个三等奖。"

"你觉得是什么原因呢?"

"老师，我直说吧。"李蕴推了推鼻梁上的眼镜，认真地说，"其实，章瑾对我的教案提了很多有用的建议，她的逻辑性很强，但是她的个性和我不一样，我脸皮比较厚，上课放得开，但她不是，比较内向吧，写的比说的要好很多。因此，我赢在她帮我修改的设计和我擅长的表达上。"

"所以你认为，章瑾的教学设计是没有问题的，但她的课堂表现没有你好。"

"我想是这样的，我们教研员老师也是这样评价的，说章瑾的课堂没有达到教学设计的意图。"

"那章瑾自己是怎么看这件事的呢?"

"她似乎一直在回避这个问题。每次讨论课堂教学或者公开课的时候，我总想帮她一把，但是她总说，她喜欢原生态的课堂。"

"你是怎么帮她的呢?"

"试讲啊。我跟她说，公开课就是要一遍遍地多练，但是她总说：'你太夸张了吧。'"

"这就是你们全部的矛盾吗?"

"还有，那就是我帮她介绍男朋友的事了。我是去年年底结婚的，请章瑾做了我的伴娘。我觉得，结婚是一件很快乐的事情，但是章瑾却一直没有谈恋爱，所以我很着急，就张罗为她介绍对象。"

"看起来你真的是一个热心人，那么章瑾有没有这个需求呢？"

"她总是不置可否，弄得那些男生也一头雾水。其实，章瑾人很漂亮，也很有才气，但是和她约会过的男生，对她的评价就是两个字——'高冷'。"

"那么你和章瑾做了那么多年的朋友，对她有这种感觉吗？"

李蕴仔细地想了想说："我对她的了解是有限的。以前在学习上是她主动帮我，工作以后，遇到教学上的问题，还是她帮我。我们两人的距离就是在大赛后拉开的，从那个时候开始，我觉得在有些地方我是可以帮她的，两人的关系就有点别扭了。您说，她是不是有心理问题啊？"

"章瑾有没有心理问题我不敢凭你这么一说就做出判断，但她一定是一个敏感而且自尊心特别强的人，轻易不愿接受别人的帮助，她可能会觉得这是一种示弱的表现。"

"是的。我也觉得她的自尊心特别强，那您觉得，我应该怎么和她相处呢？是不是应该提醒她来找您聊聊呢？"

"李蕴，你真的是一个热心肠的女孩。但是，你还不懂什么是有效的帮助，尤其是对待像章瑾这样敏感的女孩，如果你的帮助方式不能被对方接受，非但帮不了对方，反而会把人家给吓跑了。"

"怎么会这样呢？难道就只能她帮我，我不能帮她吗？这样会不会显得我很没良心啊？"

"你们两个虽然是好闺蜜，却是个性、需求截然不同的两个个体。你知道吗？我们总以为，帮助别人是一种善举，是一种付出，是一种大爱，但是从心理学的角度来看，帮助别人对个体的心理健康也是有利的，因为那会证明一个人存在的价值。所以说，你和章瑾之所以能成为好闺蜜，是因为你们两人的交往满足了各自不同的心理需求，你需要她的帮助，她需要在帮助你的过程中来体现自己的价值，这是维持你们之间的关系最重要的基础。但是现在，你们的关系开始有点不一样了，当你拿了一等奖后，当你给她张罗相亲后，你和章瑾的关系就发生了变化。这对章瑾来讲，或许是她不能接受的。"

"原来是这样，"李蕴若有所悟，"我以为别人都和我一样，要什么和不要什么都会说出来，但今天和您一聊，我才知道人和人是不一样的。帮助一个人，光有美好的心愿是不够的，还要有技术。那照您这样说，我接受她的帮助，就是对她最好的帮助了，是吗？"

"从近期来看是这样，但是像她这样的个性，她的未来一定还会碰到很多挑战，她的确需要有人能在理解她的基础上帮助她战胜自己。"

"那我知道该怎么和她相处了，或许，像我这种个性大大咧咧的人，可能在无意之中伤害了她我都不知道呢。"

"是的，但是你也不必过于自责。人和人的相处贵在有缘，有的人可以陪你走一辈子，但有的人只能陪你走一程，那么就珍惜你们相处的时光。未来若是两个人真的走远了，那么就彼此祝福，这也是一种相处啊！"

[聆听手记]

人与人就像一条条直线，有的平行，一辈子也不可能相遇；有的交叉，相遇过后会各奔一方。人的一生总要与有些人挥手说再见，就算是曾经很要好的朋友。

好友之间的交往，交的是心，交的是情，向朋友示好需要发自内心，而不应成为彼此的负担，更不是彼此的利益交换。每一个人都是独立的个体，带着不同的目标、不同的需要与人相处，如果能有幸产生交集，那么在这有限的交集中，你们是彼此融合的，但在交集之外，彼此都该有独立的自己，好友如此，亲人、爱人亦如此。

在不如意的境地下改变自己

开学不久的一天，吴老师前来做心理咨询。刚进门人还未坐定，她就开口发问："我究竟做错了什么？最近感觉事事不顺心，天天不如意啊！"

看出她是带着情绪说话，于是我一边递茶，一边问："发生了什么事让你这么沮丧？"

"这样的感觉已经不是一两天了，我一直忍着，没想到越忍越不顺，好像进入了一个怪圈。领导对我不器重，同事对我不信任，学生对我不敬重，我成了一个一无是处的人啦！"吴老师愤怒地说。

"有具体的事例可以证明你的感觉吗？"我问。

"我从教有20个年头了，无数次自己掏钱参加各类进修，读完在职研究生，也获得了硕士学位，但领导始终没有重用我，至今还是一个普通教师。与我教龄相同的同事，早就成为骨干教师、学科带头人了。"她委屈地说。

"你希望自己在学校里是一个怎样的角色呢？"

"凭我的专业能力当个教研组长应该没问题，至少该是个备课组长吧？领导安排的现任教研组长水平很一般，小年轻一个，还指手画脚地指挥我，真是郁闷。"她自信但又失落地说。

"你希望自己能够担任教研组长一职，所以通过各类进修提高自己的业务水平，这非常好。我想知道，你除了努力进修外，还有过其他的行动吗？比如，自我推荐或竞选申请，等等。"

"说实话，上学期我是教研组长，但不到一个学期，就被领导宣布'下课'了。我不明白，我究竟做错了什么？他们凭什么将我免职？"吴老师终于说出了她来做心理咨询的目的。

"学校要免去一位教研组长，是一件很慎重的事。领导找你谈过话了吗？他们的理由是什么？"我问。

"领导说我工作不称职，教研活动安排不合理，组内老师凝聚力不强，教研气氛不浓，人际关系紧张，等等。但这能怪我吗？"她一脸不服气的样子。

"你刚才提到的这些问题，有可能是组内个别老师的行为所致，但你知道作为教研组长的主要职责有什么吗？一是组织教师学习并贯彻教育方针和有关教育政策，引导教师按照教育规律进行教学工作；二是召集本组教师，研讨并制订教研组的工作计划，负责组织实施；三是组织开展研究课、观摩课及课后的评议和总结等活动；四是对本组教师的任课安排提出初步方案，以供教务部门排课时参考；五是组织本组教师做经验交流和工作总结；六是指导教师组织学生开展课外活动，发展学生的特长和能力。所以，作为教研组长，在教学业务水平上他可能不是组内最高的，但在协调管理和人际沟通方面，他应该具有独特的能力。一个好的教研组长，可以让组内的每位教师都取得进步和发展，鼓励强者发挥示范的作用，通过以老带新、以强促弱、强强联手等多种人际融合方式，创造'多赢'的局面。"

"一个教研组长居然有这么多的工作啊！以前我只想通过提高自己的业务水平来赢得人心，原来教研组长除了自身的教学能力要强外，在管理能力方面也要提升，我的失败大概就在于此。"吴老师似乎明白了一些道理，情绪也跟着平静了下来。

"我还有一个疑问：老师如何做才能赢得学生的敬重呢？"此刻的吴老师带着虚心好学的态度提出了问题。

"中国有句教育古训：亲其师，信其道。要让学生产生敬意的前提是老师对学生的尊重、包容和接纳，敬人者自然被人敬。你知道自己在学生心目中是一位怎样的老师吗？"我问。

她不好意思地笑着说："我知道学生不喜欢我，他们在背后叫我'吴嬷嬷'，说我态度严厉、强势和冷漠。其实，我也很想与学生和平共处，但身为班主任，我不能对他们嬉皮笑脸，只能严肃地对待。"

"你知道学生喜欢怎样的老师吗？从对学生的调查结果来看，他们喜欢凭魅力吸引学生、靠爱心感化学生、想办法鼓励学生、用技巧引导学生的老师。一个受学生青睐的老师，不一定漂亮但一定可爱，不一定严厉但一定严格，不一定聪明绝顶但一定智慧无穷，不一定经验丰富但一定虚心好学，不一定身体强壮但一定心理健康，不一定是高傲的圣人但一定是谦卑的凡人，总之，学生们敬重的是有知识更有文化、有智商更有情商的老师。"

"你说得对，我就是一个有知识缺文化、高智商低情商的人。"吴老师带着一点兴奋自嘲地说。

"何以证明?"我不解地问。

"去年暑假，学校组织老师参加欧洲五国游，本来是件挺开心的事，但旅途中发生了很多事，让我感觉自己是一个特倒霉的人，真不知道我做错了什么! 在巴黎凯旋门游玩时，小偷偷走了我的钱包，所有欧元被窃，只能向同事借钱; 在德国天鹅堡游玩时，不小心崴伤了脚，以后几天的旅行举步维艰; 在威尼斯乘坐贡多拉（造型别致的威尼斯尖舟）游览后，相机遗落在船上，结果前面拍的所有照片统统'清零'，真让我欲哭无泪。游览卢浮宫时，导游给我们的游览时间是 1 小时，他的理由是，卢浮宫藏品数量多达 40 万件，因为地方很大就不可能走遍，很多珍品也不可能看完，所以只要看维纳斯雕像、《蒙娜丽莎》油画和胜利女神雕像这三个'镇宫之宝'就可以了。我非常相信导游的话，仅仅与这'三宝'拍了三张合影就结束了行程，被同事们笑话为'到此一游'的'女神'，这是我没有文化的典型表现。"

"哈哈，你真是一个好玩的人。多种经历在你身上发生，既是损失更是收获，相信你能够在反思中成长，在经验中成熟。你没有做错什么，只是需要做更多、更好的事来丰富自己，完善自己，提升自己。我衷心希望你能成为有文化、高情商、受学生喜欢的老师。"

吴老师告辞离开时，望着她远去的背影，"我究竟做错了什么"的声音一直在我耳边回响，我希望她能早日找到答案。

[聆听手记]

面对吴老师"我究竟做错了什么"的求助，心理咨询师感觉一时难以回答。因为吴老师抛出的问题很多、很杂，既有专业发展中的困惑，又有师生关系中的失落，还有现实生活中的固态。

针对吴老师"感觉事事不顺心，天天不如意"的心态，心理咨询师想简单地用"对"或"错"来做出评判是不可能的。因此，心理咨询师主要从以下几点做了努力。

一是尊重倾听。让吴老师在倾诉中宣泄心中的烦恼。

二是自我澄清。让吴老师思考自己在专业发展中出现不顺、师生关系中发生不睦、旅游中经历不爽的原因是什么。澄清问题的本质并不是为了倾诉他人对自己的不公，而是为了自我提升。

三是寻找突破。让吴老师明白，一个优秀的老师既要有知识又要有文化，既要有智商更要有情商。只有通过自我调整，自我平衡，自我修炼，才能达到自我完善的目的。

积累一定的知识不是一年半载就可以完成的，提升文化修养和情商，更需要多年积累与修行才能达成，所以在本案例中，心理咨询师并没有为吴老师提供具体的指导方法，而是希望她自己去寻找答案。

为什么遇袭的人是我

一个冬日的早晨，我刚进办公室，就接到一位校长打来的电话："你好，可否请你为我们学校遭受学生袭击的周老师做一次心理辅导？"

我知道，三天前他们学校的一位老师遭到了学生的袭击，头部受伤被送到医院治疗，目前虽没有生命危险，但心理受到了创伤。

我对校长说："我很愿意为老师做心理辅导，但是需要确认一点，心理求助是周老师本人的意愿，还是校长您的意愿？"

校长说："既是我们校方的意愿，也是周老师自己的意愿。今天，我们去医院看望了周老师，她的身体恢复得还不错，问她还需要学校提供什么帮助时，她说是否可以帮她找一位心理老师，因此我就来找你了。"

"好，那我准备一下，马上去医院。"

我整理了一下思路，便赶往医院看望受伤的周老师。

躺在病床上的周老师头上裹着纱布，左眼的眼睑处还有一块青紫，手上打着点滴。一见我进来，她让家人把病床摇起来后，让家属回避，病房里就剩下我和她两个人。看得出来，她并没有因为这件事对陌生人产生恐惧心理，我先向她伸出手，对她说："谢谢你对我的信任，愿意让我来分担你的烦恼。"

周老师愣了一下，马上握住了我的手，我能感觉到她在颤抖。她说："谢谢你能来医院帮我。"我轻握她的手指，她不拒绝。

我还需要继续对周老师的状态进行评估："事情已经过去三天了，这几天你在医院里睡得可好？"

"嗯，还可以。这里比较安静，又是单人病房，我妈和我姐轮流陪我，晚上睡得还可以。"

"睡得好身体就能得到比较好的恢复。"看来，她没有明显的睡眠障碍，也没有对陌生人产生明显的警觉，这基本上能说明她的社会功能没有明显的缺损。所以，我把今天的主要目标确定为对周老师的接纳和陪伴上。

简单寒暄以后，我们开始做正式的心理咨询。我问她："你想和我聊些什么？"

她眼圈一红："我觉得好烦啊！现在外面到处都是我的新闻。我不清楚媒体怎么会把我的基本情况了解得那么清楚。姓名、年龄、教什么学科，都是真实的信息，是谁说出去的？我以后怎么面对学生？以后他们见了我，会不会说：'这个就是被学生打的老师……'；我的孩子在学校会不会也被人议论：'他就是被学生打的那个老师的儿子……'；我以后走出去，是否会被人指指点点？你说我是不是应该换一个工作？如果不做老师是不是会好一点呢？"

周老师边说边情绪激动起来，忍不住地抽泣，说到后来有点泣不成声。

我静静地听她说，没有打断她，只是默默地把纸巾递给她，等待她情绪渐渐平复。我知道，大凡过来看望她的人，一般都会劝她不要在意别人的评价，但是，这是做不到的。她积压已久的情绪需要宣泄，哭泣对她来说是一种好方式。

宣泄之后，她不好意思地擦掉眼泪："让你见笑了。"

我轻轻地握了握她的手说："我知道，这件事让你感到很委屈。"

"是的。"她抬起头看着我，眼圈还是红红的，"我也不知道为什么会这样，我就想知道他为什么要对我做这件事？"

"在你的眼里，他是一个怎样的学生呢？"

"他平时言语不多，在班里没有和谁走得特别近。听他的班主任说，他初中时在一所很好的学校上学，中考失利了才到我们学校的，因此和班里的同学有点格格不入，平时基本上独来独往。他的成绩中等，有时完不成作业，我就会让他补一下，他之前也没有什么特别的态度。"

"那天有什么特别的事情发生吗？"

"想起来也没有什么特别的事情。那天我们的谈话和平常一样，我就是让他把课文再默一遍，我以为他从袖管中拿出的是笔，没想到是锤子。现在我一想到这个还会害怕，如果他再来攻击我，我该怎么应对？除了在学校，他还会不会在其他地方攻击我？是否还会有其他的学生攻击我？他会不会攻击我的孩子和其他家人？"

　　想起当天遇袭的情形，周老师不由得眼圈又红了起来，看得出来，回想起当天的事她不寒而栗。

　　在为她做心理辅导之前，我简单地了解过她的基本情况。她是一个有15年教龄的语文教师，教学工作成绩中等，平时和学生的关系比较平和，从来没有和学生发生过什么大的冲突性事件。应该说，她遇袭的原因并不是个人与学生的冲突造成的，或许只是一个意外。

　　因此，我说："根据你的描述，那个攻击你的学生是否具有这样的特点：他的外表看上去很冷静，但是内心却是冲突的；他的情感比较淡漠，平时也没有什么谈得来的朋友？"

　　"对的，他就是这样的学生！"她连连点头，补充道："他不仅在学校没有朋友，在家里和他父母沟通也是很少的。"

　　"这样说来，他是一个自卑和自傲相结合的个体。他会用骄傲的、强悍的外表来掩盖他自卑的内心，当他的内心冲突剧烈的时候，他会选择用一种冲动性的行为来排解内心的冲突，而你，正好遇上了他内心的火山爆发。"

　　"唉，我怎么那么倒霉呢！"周老师叹了一口气，但我明显可以感觉到，她的叹气里有了一份轻松。

　　"那你说，他还会不会再次来攻击我，还有我的家人呢？"她追着问。

　　"如果你能确定他不是因为恨你而攻击你的，那么，他再次攻击你的可能性就不大了。再说了，事情发生后，他爸爸已经带他到派出所自首了。"

　　周老师点了点头说："他父母来看过我。"

　　"哦，那你对他们是什么态度呢？"

　　"很奇怪，"周老师歪着脑袋想了想说，"他父母来看我的时候，我居然没有愤怒，只为他们感到可悲，孩子出了这样的事，对家长来说是教育的失败。以前，我曾和孩子的父母因为学习的事情交流过，感觉他母亲是比较袒护孩子的，总是会为孩子找一些理由开脱，而他父亲则比较沉默。看得出来，孩子和他父母的交流也不多。"

　　我微笑着对周老师说："这说明你的内心很强大啊！你对伤害你的学生并没有仇恨。其实，你在心里已经开始原谅他了。"

周老师有点不好意思地笑了，但接下来还是若有所思地说："是不是已经原谅他了，我自己也不清楚。我只是觉得他伤害了我，他自己并没有得到好处，他也是一个受害者吧！"停顿了一下，她的话题又兜了回来，"我现在就是担心他以后还会再来伤害我、我的孩子以及其他家人，老师你说我是不是该为我的孩子转学？我们是不是应该搬家？"

谈到对未来的担心，她的情绪又开始激动起来，我知道这是人之常情，她不可能这么快就从这件事中走出来，要允许她慢慢地消除这件事的影响。

于是，我告诉周老师她目前所有的恐惧和担心都是正常的，发生了这么大的事情，所有人都会产生这种情绪，这种情绪随着时间的推移会渐渐地平息。但是，假如这种情绪在一个月、三个月甚至一年后还会时时出现，并影响到了她的社会功能，那就是创伤后应激障碍了，这个时候需要进行更好的治疗。周老师一边听一边点头。

至于是否考虑为孩子转学，我建议她要分析孩子转学的各种利弊，再与危险做比较，还要考虑到孩子转学带来的新问题，这需要和家人仔细商量，评估各种风险后再做出决定。

我评估了周老师的基本状态，在事件发生以后，她的人格系统没有明显的缺损，没有相应问题产生的个性基础，也没有明显的心理障碍特别是抑郁障碍，总体状况在正常的反应之内，她不需要做进一步的心理治疗。因此，在和周老师结束谈话前，我把联系方式告诉了她，并告诉她如果她有需要，可以再联系我。

[聆听手记]

在和周老师交流的过程中，心理咨询师能感受到她的恐惧情绪，她感觉自己对学生没有什么处置不当之处，但却遇袭；心理咨询师也感受到了她的担心，她担心这样的事还会在她身上重演，更担心她的孩子和其他家人受到袭击；心理咨询师能听出她的愤怒，这件事情经过媒体曝光后，全社会都知道了，她担心别人会猜测她做了什么不该做的事情，感觉自己没有面子；更多的，心理咨询师听到了她的委屈，为什么遭到袭击的是她，她怎么会这么倒霉。

面对周老师的这些情绪，心理咨询师能做的只是陪伴和支持，鼓励她充分表达自己的感受。这种表达对她的情绪具有修复的作用。

有的"医闹"行为并不完全针对当事的医生和护士，而是作为患者家属的群体性焦虑的爆发；现在有的师生冲突也并非完全针对某位教师，而是学生的群体性焦虑的指向性爆发，如果学生的压力继续加大，或许类似的伤害性事件还会发生。

因此作为教师，一来，要学习心理学的理论知识，提升自己关注学生心理健康的意识和技能，不能无限制地给学生增添压力；二来，也要学会保护自己，对那些有不良人格倾向的学生，要注意不要激化师生间的矛盾。

第三辑　愿你被生活温柔相待

可不可以不相亲

孩子该由谁来带

该不该辞职做全职妈妈

好老师不等于好爸爸

劳心无果的包办妈

二孩时代，生？不生？

两个蓝精灵带来的困扰

你那么好，为什么没有男朋友

辅导自己的孩子真难

我一直等待做他的新娘

别让家人觉得你只顾赚钱

停止插手孩子的人生

"雪儿"走了，这房间那么空

世界上我最疼的那个人去了

可不可以不相亲

慧娇老师美丽、聪明、能干，从学科教师做到团委书记，现在已是校办主任了。慧娇人缘不错，但她不明白自己为什么会成为一个"剩女"。

慧娇来做心理咨询，正是因为刚经历了一次失败的相亲。"您说，我是不是没有男人缘啊？相亲也相了不下 30 次了，就是没有遇到一个可以擦出火花来的！没有一个男人让我有心跳加速的感觉。"她对我抱怨道。

"你相了那么多次亲，难道就没有一次有心跳加速感觉的吗？"

慧娇低头不语，静静地思考。"有一次，我觉得那个男人长得蛮帅的，有了动心的感觉。约会几次后，我才发现他只是一个绣花枕头，因为没有共同语言我们就分手了。还有一次，对方是一个名校毕业的硕士，学历、长相等条件都不错，谈吐也很风趣，我们交往了大约半年。后来我发现他老是问我父母的情况，退休工资有多少啦？住房情况如何啦？还说我是独生女，将来养老的担子一定很重等。还没有结婚他就想养老的问题，难道他不想养我的父母吗？就这样，我们不欢而散。"

"那你父母怎么看待你的婚姻问题呢？"

说到父母，慧娇有点气不打一处来："在他们眼里，我就是那种被人挑剩下的菜，早就该贱卖了！上次他们给我介绍了一个中专生，那个人婆婆妈妈的，见了一次面之后，我就不再联系他了。我妈说你不要人家，人家马上找了一个技校毕业的女孩子，现在都已经结婚了。我不是贬低中专和技校生，他们俩才相配，怎么可以拿我跟他们比，对吧！"

看着她气愤的样子，我不禁笑了起来问："那你对另一半有哪些期待？"

慧娇说："其实，很多人都问过我这个问题。如果我说没有什么要求，没人会信。如果真的没有要求，也不会挑到现在还没有挑到老公；但如果要说到要求，其实真的很简单，那就是——看上去顺眼，谈起来默契。但就是这两个条件，到现在也没有找到符合的，难啊！"

"在你交往过的男生中，真的没遇到过一个看上去顺眼、谈起来默契的人吗？"

慧娇开始沉浸在回忆里，下意识地把手中的面巾纸反复地揉搓着："如果说有的话，那就是我的初恋男友。他是我大学的学长，比我高一届，我们是在社团活动时认识的。他是文学社的社长，我是他招收的新人。他不仅高大帅气，而且很有才气！"她说着说着笑了起来，眼里都是柔情，与她一贯显现的女强人气质完全不同。

"你们在一起的时间有多久呢？"

"从我刚进大学就认识了，到大二的时候，我们基本上确立了恋爱关系，一直到分手，共有五年。"

"你能说说，最后是什么原因让你们分手的吗？"

"我们都是上海知青的孩子，毕业以后，自然留在了上海工作。但是，既没有房子，也没有爸妈的支持，等到谈婚论嫁的时候，我们总是为了经济问题而争吵。后来我对他说：'我们分开吧，等我们自己过好了再重来吧。'就这样，我们很平静地分手了。"

"之后你们还有联系吗？"

"没有。那个时候既没有微信，也没有QQ，只留了一个手机号码，但我从来没有主动联系过他。分手以后，我把全部精力都放在了工作上。我上课、进修、做项目，工作非常出色，经济状况也变得越来越好，前两年，我父母退休后从外地回到上海。在政策允许的范围内，我以父母的名义购买了一套安居房。再后来，外婆的房子动迁了，我又分到了一套小房子。一路走来，不知不觉就三十出头了。看看周围的人，都是有家有业的，于是就开始操心自己的婚姻大事了。这两年，不断地相亲和被相亲，结果屡战屡败，但又屡败屡战！"

"有没有人真心追过你？"

慧娇认真地想了一下说："好像有一位，他看起来条件不错，大学毕业，银行工作，收入可观，他父母也挺有文化，大家都觉得我们挺般配。于是，我们交往不久就开始谈婚论嫁了。但是一到谈婚论嫁，我就不开心了。他问我现在的房子到底是父母的，还是我的。如果是我的，房产证上为什么不写我的名字？我是独生女，父母身后的财产其实都是我的，他为什么这么急着要在房产证上写我的名字呢?"

"就为了这一点,你们分手了?"我问。

"是,也不完全是。这以后,我总觉得在我的生活中,有他和没他并没有什么区别。我不仅可以挣钱养活自己,而且生活中的所有事情基本上都能自己搞定。比如电灯坏了,我能自己换;水池堵了,我可以找物业;遇到困难,我不会想到让他帮助,他也不能帮到我,那么,我要他干什么呢?他似乎也不需要我,做饭、洗衣服的家务活,他妈都帮他做了。我们电话联系,好像只是出于礼貌的问候。到后来,感觉要花时间约会成了一件很累的事情,所以,也就慢慢分手了。"

"那你觉得自己为什么要结婚呢?"

"可以不结婚吗?"慧娇瞪大了眼睛,疑惑地看着我,"不是说人生每个阶段都有要完成的任务吗?从小到大,我都是踩准节奏完成的。小学、中学、大学、工作、读研,每个阶段我都没有落后过,唯独在婚姻这件事上,我落后了,而且不是落后一点点哦!我妈每天都在我面前唠叨,谁谁结婚了,谁谁有二宝了,'你看你,连个男朋友都没有'!我觉得,我没有男朋友、没有结婚,让我妈很没有面子。"

"那就是说,你是把结婚这件事当成了人生必须要完成的一件事情,而不是你的需要,对吗?"我看着她,一字一句地慢慢地说。

她很认真地看着我,眼睛里充满了疑惑,过了很长一段时间,才慢慢地说:"难道这两点不一样吗?"

"我们常把走入婚姻的过程称为寻找自己的另一半的过程,正是因为自己不完整,所以需要寻找另一半让自己完整起来,这就是需要。你和学长的交往就是因为彼此吸引而走到一起的。但是,在分手的时候,你说'等我们自己过好了再重来吧',这句话是不是意味着,在离开他的日子里,你就把'完整'自己的任务全部交给自己去完成了?"

她不说话,努力思考我的话。过了很久,她说:"您的意思是说,我的生活中根本就不需要一个男人?!"

"你自己认为呢?"我没有正面回答。

"是啊,我需要一个男人做什么呢?为了堵住妈妈的嘴,省得她每天在我面前唠叨？为了证明我是有人喜欢的，不至于成为一个没人要的老女人？还是为了找一个依靠，以后老了可以让他来照顾？好像我忙着相亲都是奔着这些目的去的，因此，谈着谈着就没有感觉了。"

"或者，你本来已经是一个圆，不需要另一半来完整了？"我笑着调侃她。

她也笑着说："您说，人家找老公是找饭票，我觉得在经济上自己可以挣钱养活自己，还能养活我爸妈，不仅养活了，而且还很体面；在情感上呢，我有学生，有我的工作，很充实，不需要依赖一份感情。难道这么说来，我就不需要结婚?!"

"我们原来以为婚姻是人生的必经阶段，但随着社会生活模式的多元化，其实，婚姻只是很多种生活模式中的一种，但绝不是唯一的一种，我们每个人都有权去选择适合自己的模式。"

"嗯，我还真的从来没有从这个角度去思考过这个问题呢，谢谢您。"慧娇粲然一笑，仿佛卸下了一个背负已久的重担。

[聆听手记]

婚姻是什么？在生活艰苦的年代，婚姻被誉为"生产合作社""生育共同体"。两个人在一起，总会比一个人能生产更多的价值，也就多了一份生存的希望。但是现在年代不同了，随着社会的进步，越来越多的女性依靠个人的能力获得了体面的生活，那么，在这个时候，婚姻其实成了多元生活模式中的一种了。选择婚姻就是选择磨合，懂得自己需要坚持什么，妥协什么，只有为对方留出了空间，才能让对方的那一半契合进来。但是，随着年龄、阅历和能力的增长，女性已经在不断地填补自己的空间了，你需要的那个另一半一定也会越来越不规则。或者说，适合你的另一半也会越来越少。不过不用担心，我们可以通过寻找另一半来圆满自己的人生，也一样可以选择充实自己来圆满自己的人生。

孩子该由谁来带

在学校组织的一次教师家教沙龙活动上，我请老师们讨论的话题是"孩子该由谁来带"。问题一抛出，室内的气氛立刻活跃起来，年轻的老师纷纷发表自己的见解。我仔细听来，带孩子的方式主要有四种——老人帮着带、自己带、保姆负责带，还有老人、保姆和自己一起带的。随着讨论的深入，大家都在倒苦水：让老人带，虽说自己比较轻松，但担心老人的溺爱会使孩子变得"无法无天"、没有规矩；让保姆带，除了每月需要支付一笔不小的保姆费，产生经济压力之外，主要还是不放心，怕保姆对孩子不好，会因孩子受委屈而心疼；由自己带吧，那是苦不堪言的，做全职太太没那条件，既要上班又要带孩子，实在是辛苦得吃不消。理想的状态是带孩子、上班两不误，但现实的情况是，老师们遇到孩子生病心急如焚，遇到学校业务检查，更是产生难以应对的焦虑。

如何帮助年轻的老师处理好家庭与事业的关系，成为缓解他们心理焦虑、消除工作压力、提升职业幸福的重要课题。

陈老师是一位 3 岁孩子的妈妈，一说起这个话题，她情不自禁地掉下眼泪。她说生活压力让她感到非常累，很希望家人能够帮忙看孩子，但因为自己的爸妈远在贵州，家里又有孙子要带，所以无法帮忙；公公婆婆虽说是住在上海，但因为没有退休还在工作，也无法带；请个住家保姆吧，有经济压力不说，一室一厅的房子，保姆也无处安身。所以，现在只能请个钟点工，帮助打扫卫生、洗衣做饭。她特别羡慕家中有老人带孩子的同事。

有时在家，陈老师忍不住会向老公抱怨"嫁错了人，走错了门，才落到这样艰难的地步"。开始，她老公还能安慰她，但随着抱怨次数增多，他也开始数落她："别人家的媳妇是'上得厅堂，下得厨房'，而你呢？既不漂亮又不能干，工作不上进，带娃不出色，整天摆着一张怨妇的脸，给谁看呢？！"

陈老师遇到了多重矛盾冲突，针对她需要理清和修复的关系，我给她提出了几点建议。

第一，修复夫妻关系，学会彼此尊重。"嫁错了人，走错了门"这样的抱怨，必然会伤害丈夫的情感。丈夫的回应也许是他维护自我尊严的反击，也许是他心中失望的表达。夫妻如果彼此不能相互理解与接纳，关系不和谐，一定会导致家庭关系破裂，到时陈老师经受的不仅有带孩子的辛苦，还有残酷的离婚伤痛。

第二，理清老人是否有帮助带孩子的义务。从陈老师的表述中，我能感觉到她有种委屈之下的怨气。希望自己父母帮助带孩子，但因为父母带着孙子而无法带外孙女，她的心中没有埋怨吗？对哥哥没有妒忌吗？对父母重男轻女的做法没有失望吗？其实都有，只是无法表达，内心留下遗憾；希望公婆帮助带孩子，但因为他们工作没有时间，也是遗憾的事。在愿望没有得到满足时，内心难免出现失落，由此发出抱怨。但她是否想过，奢望得到老人的帮助，而现实并没有实现，留给自己的只能是失衡的沮丧。老人可以照顾孙辈，也可以资助孩子，但这都不是他们应尽的义务。对小辈来说，能够得到是福分，不能得到是本分。对自己孩子的付出，对自我家庭的担当，才是小辈的义务和责任。

第三，处理好工作与家庭的关系。教师哺育孩子成长这一时期同时也是教师专业成长的关键时期。在社会瞬息变化、时代日新月异、知识不断更新的当下，年轻教师如果放弃努力，停止进步，不能做到与时俱进，就意味着在现实生活中将成为被淘汰出局的失败者。所以，不论是作为母亲还是教师，扮演好两个角色都需要付出努力。其实，要做到平衡家庭与工作的关系，处理好母亲与教师的角色是完全有可能的。既不要带着畏惧的心理，也不要带着抱怨的心态，孩子会长大，我们会成熟，在人生的不同阶段，我们会有不同的任务与困难，也会有不同的成功与价值。

与陈老师的情形完全不同的是劳老师，谈到"孩子该由谁来带"这一话题时她非常明确地说："当然是婆婆带。"陈老师也许会羡慕劳教师轻松、幸福的生活状态，但劳老师却十分无奈地说："我只是孩子的奶妈。我婆婆说为了有充足的奶水喂养孩子，妈妈要有充足的睡眠，带孩子睡觉很辛苦，会减少奶水分泌的。所以，孩子刚满月，晚上就跟着我婆婆睡觉了。看着婆婆心满意足地搂着孩子睡觉，我心里是空空荡荡的失落啊！我知道婆婆既是为了孩子好，也是为我考虑，但是一个不能带自己孩子的妈妈，也有难言的痛苦。"

我向劳老师了解了一些情况，比如："婆婆平时与谁住在一起？婆婆、公公的关系如何？婆媳关系如何？家中是否还有第三代的其他孩子？"劳老师告诉我："因为公公去世早，婆婆一直与我们一起住，平时婆媳关系一般，婆婆见我们小两口甜蜜恩爱的样子，她心里是很失落的。我老公是独生子，婆婆又是多年守寡，所以，我能理解她内心的孤独与寂寞。在婆婆眼中，我是分夺她与儿子情感的人。她一直盼望能够抱上孙子，现在她把所有的精力都放在孙子身上，要独占对孙子的爱。"

我对劳老师说："你婆婆的这份感情我们需要理解，但孩子与谁睡不是一个简单的问题，而是需要花时间、精力去处理的问题，因为它不仅涉及三代人的情感关系，也影响孩子的健康成长。有研究表明：研究者通过观察儿童与成人的关系，以及儿童早期的带养情况发现，一个人的社交能力源于生命早期母亲对他的呵护。换句话说，就是母婴关系在很大程度上决定了婴儿日后的社会关系。通俗一点说，一个孩子与母亲的关系，在很大程度上其实决定了他与世间万物的所有关系。

"母亲应该在婴儿生命开始的第一年为其提供子宫般的成长环境。这个子宫般的环境，既有外在可见的环境，比如温暖的家，适宜的温度、光线，母亲每时每刻的陪伴，尤其是睡眠时的陪伴。一个孩子在未来成长中呈现出来的一切，都与此时母亲的陪伴情况直接相关！这世间，没有哪个婴儿不需要母亲的陪伴，也没有哪个人比母亲更了解她孩子的需求！而内在不可见的环境——"

我的分析还没有结束，劳老师含着眼泪说："您说得有道理，我也不愿意放弃对孩子的陪伴，但面对强势的婆婆，我实在没有办法。以前我只感到作为母亲不能陪伴孩子的无奈，今天听了您的分析，我真为孩子的未来发展担心啊！"

"劳老师，你不要着急，你婆婆方面需要你丈夫出面去做工作，要让他知道，两个母亲对孩子的爱应该是相同的。夜晚是人最脆弱的时候，陪伴孩子睡觉的那个人，就是能带给孩子安全感的那个人；最可能影响孩子一生的人，是陪孩子睡觉的那个人！当然劳老师你也应该明白，如果你真爱自己的孩子，就不要怕吃苦。只有那些不怕带孩子苦和累，不怕夜里睡不好觉，日夜陪伴孩子的母亲，才是真正意义上的母亲。我相信，你的热情、乐观、包容、大度的个性，一定会赢得你婆婆真正的信任。只有这样，她才能放心地将孙子交到你的手中抚养。"

我还对劳老师说："不要让自己成为剥夺婆婆对儿子、孙子情感的'罪人'，要多关注婆婆的心理需要，在扮演好母亲角色的同时，也要扮演好媳妇的角色，让婆婆真正成为家庭成员之一，让她拥有天伦之乐。"

劳老师默默地点头，表示认同地说："那我试试吧！"

[聆听手记]

"孩子该由谁来带"的话题具有普遍意义。老年人一方有比较典型的两种观点：一种是"自己的孩子自己带，我没有抚养第三代的义务，要好好享受晚年生活"；另一种是"孩子们工作很辛苦，作为长辈必须帮一把，但因为带养方式与理念的差异，常常搞得吃力不讨好"。年轻人一方也有比较典型的两种情况：一种是"独立族"，自己带养孩子，做全职妈妈；另一种是"依赖族"，在父母家中吃、住，把带养孩子的任务全权交给父母。

对年轻教师来说，你采用哪一种方式带孩子，与父母的年龄、经济水平、身体状况、子女多少和生活理念等有关。各种带孩子方式都有其利弊，我们需要思考的是，当下采用的方式是否有利于孩子的健康成长，是否有利于婆媳关系、夫妻关系、亲子关系的和谐，是否有利于老人身体安康，自己工作顺利。

生养孩子的阶段，对家长来说是痛并快乐的阶段，我们要以积极的心态去接受人生赋予的角色，努力成为好子女、好父母。

该不该辞职做全职妈妈

李欢老师第一次来找我交谈是在 6 月初，那时她刚休完产假，身体还未恢复，体态显得有些臃肿。"老师，我觉得越来越不能控制自己的生活了。"她的焦虑明显地写在了脸上。

"你感觉在哪些方面控制不了自己？"

"首先就是我的宝宝，"她脱口而出，"他已经 5 个半月大了。我原以为，这个时候我回学校上班，宝宝由我妈妈带是一点问题都没有的。"

"那现在的情况是怎样的呢？"

"没想到我刚上班宝宝就生病了。"

"你妈妈应该比较有经验，她会帮你很多吗？"

"说起我妈，也是让我感到无法控制的一个方面。有了宝宝以后，我妈就和我们住在一起，帮我带孩子。我妈是一个比较强势的人，在孩子的吃饭、睡觉等那些鸡毛蒜皮的小事上与我们常常发生矛盾。我先生对我妈的做法也颇有微词。但是我妈不仅要带孩子，还要照顾我们的生活，我上班以后，她就更忙了，我先生还对我妈不满意，我就有点生气。"

"你虽然对你妈妈有点不满，但不允许你先生对你妈妈不满，这让你很纠结？"

"是的。我和我先生之间的矛盾主要集中在我该不该上班这件事情上。我已经 34 岁了，结婚 5 年以后我们才要孩子。当初不是不想要孩子，是因为那时我先生的工作不太稳定，我们两个都是外地人，生了孩子没人带，所以，就说好晚一点要孩子。现在我先生的工作稳定了，家里的经济状况也好了很多，我呢，年纪也不小了，是该要个孩子了。本来想好了，孩子生下来就交给我妈带，我产假结束以后就可以回校上班，这样生孩子这件事对我的工作影响不会太大。"

"但事实不像你想的那样，对吗？"

"是啊。我是一个要强的人。怀孕的时候我是毕业班班主任，硬是挺着肚子把这届孩子带到了毕业。产假结束后上班，虽然学校领导很照顾我，但备课、改作业、盯学生改正错题这些事还是需要花很多时间和精力的。既然上班了，那就要好好工作，不然对不起学生。但是，从内心来说，我对自己目前的工作状态也是很不满意的。这几年，我一直在一线教学，每天重复做同样的工作，几乎没有时间进修充电，感觉自己在大学里学的那些知识几乎已经被抽干了，教学理念和方法也落伍了。这样说吧，我就是一个教书匠，已经谈不上什么教书育人，更不用奢谈教育理想了。"

"你是一个理想主义者呢！"

"是的，很多人都这样说过我。我老公觉得，我是一个只能做好一件事的人，所以，在目前阶段，他建议我的重心应该放在孩子和家庭上，希望我能做全职妈妈。"

"你觉得你先生的想法有道理吗？"

"我担心一旦没有了工作，就会影响到我在家庭中的地位。"她笑了起来，"除此之外，我也担心自己一旦做了全职妈妈，就会与社会脱节。还有，我妈也不会愿意看到她辛苦培养成才的我，成为一个全职妈妈。"

"对工作有点厌倦，但做全职妈妈又不甘心，那你还有其他想法吗？"

"要是能换一个轻松的岗位或许会好一点吧，比如做一名图书管理员，在工作的同时也可以看看书，提升一下自己的基本素养。"她调侃地说。

"好，这是第三个选择，那还有其他的可能吗？"我想穷尽她的想法。

"三种还不够吗？我似乎把所有的可能性都想到了。"

我在纸上画了一个三维坐标，分别标上"高度""深度""宽度"，然后向她解释："假设生命的发展有三个维度——高度代表你工作的影响力、你所取得的成绩和荣誉；深度代表你专业发展所能达到的程度；宽度代表你生活内容和人生角色的丰富度。如果每个维度的满分是 10 分，你希望自己在这几个方面的理想分数是几分呢？"

李欢想了一下，然后在"高度"边上写了 7 分，解释道："我是一个追求完美的人。如果把一个班级交给我，即便领导不对我提要求，我也绝不允许自己带的班级比别的班级差。"接着在"深度"边上写了 8 分，说道："我是一个有理想的人。我希望自己在教书这件事上用的是智慧，而不是苦力，这个也是我现在对自己最失望的地方。我觉得这几年书教下来，眼界是越来越窄了。"最后，她在"宽度"边上写了8分，对我说："我希望我的生活中不仅有工作，还应该有生活；自己的角色不仅是好老师，也是好妈妈、好妻子、好女儿。"写完把笔一搁，"老师，您是不是觉得我很贪心呢？"

"是的。你是一个有理想、充满责任感的独立女性，希望自己的生活幸福而富足。"我把李欢的"7分"、"8分"和"8分"用笔圈了出来，"这是你的理想状态，但是，理想是需要分阶段来实现的，或许一个人可以在一生中逐步实现各个维度的分值，但是，在同一个阶段内，因为精力和资源有限，需要平衡一下某个阶段的重点，才能更好地实现目标。"

她沉思了很久，然后缓缓地说："老师，我听懂了。在过去的5年，我或许在高度上得分比较多一点，在深度和宽度上得分不够，尤其是宽度。现在，我想修改我的分值，"她一边说，一边把高度的分值调整为5，"在来做咨询前，我还在犹豫着是否要去竞聘教研组长这一职务，虽然这个职务曾经是我想要获得的，但是目前还不是时候，自己最需要加分的维度应该在宽度上，要把重心放在妈妈、妻子和女儿这三个角色上。"

"我看你在深度上也有比较高的追求，说说有怎样的考虑？"

"老师，被您看出来了呀，"她有点不好意思地笑了起来，"其实，我在考虑读教育硕士，或者读数学教育专业，或者读心理学专业，这两个专业都是我喜欢的专业，学习对我做好母亲和我未来职业的发展都是有益的。"

看得出来，李欢心中已经有了答案，那么，现在我们需要讨论的是，如何清晰前行的路径。我给她罗列了几个关键的问题。

1. 教育硕士的考试时间、科目以及各校各专业的招生要求；
2. 学校为参加教育硕士学习的教师提供哪些条件；
3. 你自己对参加考试的能力评估以及提升的计划。

"太好了，这些正是我要想的问题，"她很高兴地说，"我回去会好好考虑这些问题的，并和我先生、妈妈沟通，希望能得到他们的支持。"

再次见到李欢是在暑假结束后，她告诉我，经过和家人商量，她计划请一年的哺乳假，在家和她妈妈一起，安心带好宝宝，照顾好丈夫的生活。她攻读教育硕士的想法得到了丈夫和她妈妈的支持。

"那么现在，你觉得还有什么困难吗?"

她想了一想说:"我现在最担心的有两件事:一是担心会陷入重复、烦琐的家务中，由此会影响自己的情绪，成为一个怨妇;二是担心因为宝宝太可爱了而丧失了自己奋斗的目标，这样，一年以后，自己的竞争力真的会没有了。"

我理解她的担心，职场中的女性常常会抱怨因为工作和生活忙碌而无暇顾及自己的理想，但正因为有外在的任务，行动也变得更明确而具体，而一旦脱离职场，就不再有人来提醒或者催促任务的进度了，光阴反而会流逝得更快。

"为了能在预定的时间里完成自己的目标，还需要做些什么?"我在纸上画了四象限图，"我们的生活经常会被一些紧急但不一定是重要的事情占据，为了避免出现这种情形，先要用重要的事情把时间占住。"我请她在四个象限内填入相应的内容。

她很有悟性，很快在"重要不紧急"的象限中写上了"报考教育硕士的复习准备工作"，在"紧急但不重要"的象限中填上了"家务"。

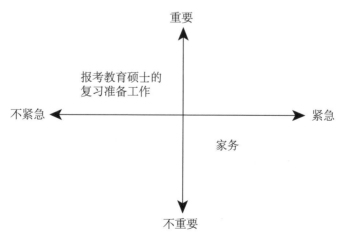

李欢的四象限图

"太好了，现在我知道该怎么做了，我找到状态了!"她兴奋地说。

[聆听手记]

　　家庭和事业有冲突吗？对于刚刚成为新手妈妈的女教师来说，因为生涯角色的增加，一定会增加很多新的任务。就像李欢，有了宝宝以后，即便有妈妈的帮助，家庭生活还是需要付出更多的时间和精力，这就要考验她平衡生活和工作中各种关系的能力了。

　　高度、深度和宽度，哪一个是你最看重的？在李欢的理想中，她不仅希望发展自己的事业，还希望有丰富的生涯角色，让自己成为一个幸福而富足的人。但是，理想需要分阶段来实现，因为人的精力和资源有限，只有平衡好某个阶段的重点，才能更好地实现整体目标。在明确了每个阶段的重心以后，李欢还要学会平衡不同重心之间关系，分清紧急事件和重要事件，记住先要用重要的事情把时间占住。所以，所谓平衡，并不是平均用力，而是要懂得阶段性的取舍，明确自己的方向，这样才能有效地整合自己身边的资源。

好老师不等于好爸爸

一天傍晚，忙碌的教研活动结束以后，手机铃声一响，我收到一条陌生人发来的短信："老师你好，不好意思要麻烦你一下，可否和你约个时间？我想就我儿子的问题向你咨询一下，萧煜。"

原来是萧老师呀，他可是我们区里鼎鼎有名的物理特级教师。在大伙儿的印象中，他是一位不苟言笑、严谨而又认真的人。他带的学生成绩很好，每年高考他所在学校学生的物理成绩都是遥遥领先的。他儿子也极其优秀，两年前考进了名牌大学。

我安排一下自己的工作后，约萧老师周六下午一点面询。

萧老师准时赴约，他两鬓微霜，神情有些落寞。简单寒暄以后，我直接切入了正题："萧老师，有什么我可以帮你的呢？"

萧老师下意识地把凳子往后挪了挪，清了清嗓子，缓缓地和我介绍了他和他儿子的沟通情况。

"我儿子今年上大二，学的是电子工程专业。没想到，一进大学儿子就变了。原来他上中学的时候，我对他管得很严。我是物理老师，他妈是英语老师，因此，他这两门功课的基础还是很扎实的，但其他功课就一般般了。大学一学期学下来，他的成绩勉强过关，我鼓励他要咬紧牙关，挺过一年的基础课，第二年的专业课会好一点。到第一年结束的时候，他居然有两科成绩挂了。当时我很不理解，我知道电子工程是很难学的专业，但是再难，他也是自己考进去的呀，而且当初成绩那么好，也不是加分加出来的，怎么人家没有挂科，他就挂了呢！于是我就开始跟踪儿子的学习情况，原来第二学期这小子经常不去上课，和其他同学躲在寝室里打游戏！他高一时就曾这么做过，当时被我带回家走读了，这次我一气之下就把他的电脑没收了，并且要求他搬出寝室，每天走读上学。但他坚决不同意回家住，并向我保证，会重修挂掉的那两门功课。我轻信了他的保证，结果，大二的第一学期结束，他居然挂了六科！学校直接给出了退学警告，我和他妈都急死了。到这个学期结束，如果他不能通过全部科目的考试的话，他就要被退学了！可恨的是，他根本就认识不到问题的严重性，到现在还在玩他的电脑，根本就不愿意和我们说话。我去学校找他的时候，他看到我什么话也不说，气得我把他的电脑砸了，结果他对着我大吼：'你砸呀，你最大的本事就是砸我的电脑，撕我的本子，现在电脑都砸了，本子也没什么好撕的，你可以走了吧！'

"我真的很伤心，从小到大那么管他，还不都是为了他好！我承认，我管得是比较严，他不做作业，或者做错作业，我都狠狠打他，但这不是为了给他一个教训吗？我当老师当了这么多年，对学生一向都是非常严格的，但是，正是因为我的严格，我一届届的学生都在高考中拿到了高分，进入了他们理想的大学。每年学生回来看我都说当初幸好因为我严格，才有他们的今天。那为什么到我自己儿子身上，他不但不感激我，还恨我呢？"说到这里，萧老师眉头紧皱，满脸的无辜和无奈。

"萧老师，你现在的问题是，你儿子面临被退学的危机，但是你们却没有办法和你儿子去商量如何解决这个问题。你希望和我讨论一下可以找到什么办法让你儿子重新振奋精神，去面对当下的困境，对吗？"

"对，儿子现在不愿意和我们说话，他们学校里也有心理老师，但是你们做心理咨询的都要求他来找你们，你们能不能去找他谈谈呢？"

"萧老师，这就是心理辅导和思想教育的区别了。思想教育是'我要你改变'，因此都是从教育者的角度出发去帮助受教育者，你多年来的教育就是这样的；但是心理辅导的出发点则是'我要改变'，只有来访者想改变，但是却苦于找不到改变的方向和策略的时候，才会寻求心理辅导，和心理老师一起来探讨如何面对当下的问题。"

"那谁能去和我儿子说说呢？"

"当然是你呀！"

"我？"萧老师一脸狐疑，继而有些愤怒，"如果我能和他说得上话，我还来找你干吗？"

"萧老师，今天是你走进了我的心理咨询室，那就说明，你比你儿子有更强的改变当下的愿望，既然如此，我自然是和你来探讨如何做出改变的策略了，而改变，能不能从你自己的行为开始呢?"

"我有什么好改变的呢? 我想我儿子这辈子都不会比我好了。我认真工作，也认真对待家人，除了工作，我把所有的时间都给了家人。儿子从小到大都是我们自己带大的，他的知识基础应该非常扎实。如果不是玩游戏，他不会有那么多的功课不过关。"

"你是说，你觉得你儿子处处不如你?"

"那是自然的。他现在即便是成绩最好的物理和英语，也是我和他妈教出来的!"

"你一直认为你比你儿子强，而且也一直在暗示你儿子即便能取得一点成绩，那也是在你的帮助下取得的。是不是可以这样认为，你儿子若是取得什么成绩的话，事实上证明的也是你的成功: 你在事业上是成功的，你成了特级教师; 你在家庭上也是成功的，你儿子学业有成!"

"是啊，我就是这样认为的，我周围的同事也是这样认为的，他们都觉得我很成功，不管是我的工作还是我的家庭，这有什么不对吗?"

"那么，你儿子对你的这个想法服气吗?"

"这个我倒是真没有仔细想过，不过确实是随着他渐渐长大，越来越不服管教了。进入大学以后，他经常说，他要走自己的路，不要我们多管他。他想做游戏行业，说游戏也有职业玩家，是可以养活自己的。他想都不要想，我是不会同意的。"

"萧老师，你带着这个想法和他交流了很多年了吧? 现在，你们父子交流出现了问题，如果你继续用这样的方法和他交流，你觉得有可能缓和你们父子的关系吗?"

"你的意思是说，我儿子会和我硬碰硬，对吗? 你是让我先退一步? 可是，我怎么退呢? 难道我不去管他才是对的吗?"萧老师一脸不解地看着我。

"如果我没有说错的话，你儿子其实一直是生活在你的控制下的，"我看见萧老师点了点头，接着说，"他其实一直希望能摆脱你的控制。事实上，每个人到青春期的时候都会有这个想法，这是从少年走向成年的必然过程。因此，高一的时候他是第一次尝试，但是没有成功; 到了大学，他终于摆脱了你的控制。但是，他得到了掌控自己的权力，并不等于他就有了掌控自己的能力，因为在上大学以前，你从来就没有给过他锻炼和培养'掌控自己'这项能力的机会，所以他把自己管理得比较糟糕。这个时候，他最需要的是支持而不是责备。为了保护自己的自尊心，他在你的面前做了重修并通过考试的承诺，但是，这个承诺仅仅是从保护自尊心出发的，他并没有好好地评估过自己的能力。于是，在第二学期的时候，重修加上新的功课，让原本就已经捉襟见肘的学习情况变得更是雪上加霜。所以，他现在有那么多门功课挂科，不是他不想考好，而是他的能力还不够好，但是这种管理自己的能力真的不是说长大了就会自然而然地形成的，它是需要慢慢积累起来的。"

我看到萧老师在认真地听我讲话，不断地点头表示认同。"你的意思是说，我一直没有给过我儿子机会让他学会自己管理自己，因此，在高中阶段他虽然成绩不错，但这不是他自己管理自己的结果，而是在我的控制下获得的。"

"对的。打一个比方来说，高中时，在他年轻的身体里，其实住着的是你的灵魂；到了大学以后，他自己已经觉醒的灵魂要把你的灵魂从他的身体里赶出来了，这就是你们父子冲突的开始。但是，虽然他把你的灵魂从他的身体里赶走了，却并不代表他自己的灵魂就可以取代你的灵魂了，因此，他把自己管糟了。所以，如果现在你要帮助他，不是再把你的灵魂注入他的身体里去，而是帮助他自己的那个灵魂好好长大。"

"这下我彻底明白了，这就是你说的我要改变的地方，我再也不能用控制的方法来帮助他了，对吗？"

不愧是特级教师，萧老师的自省能力太强了。我看到他紧皱的眉头松开了，他站起身来，向我伸出手："太谢谢你了，我知道该怎么和我儿子交流了。"

一个月以后，我收到了萧老师发给我的一条长长的短信："从你那儿回来以后，我给儿子发了一条短信，约他周末回家和我一起去体育馆游泳。没想到儿子很快就回我短信说'好的'。这几个周末，我们父子俩一起游泳，他还和我比赛，这真的缓和了我们父子之间的关系。然后，他和我谈了他在大学里的困难和他的打算。他说他想去参军，因为这样可以保留两年学籍，回来以后还可以继续完成学业。我觉得孩子真的是有自己的想法的，尽管这些想法还不成熟，但他在思考，谢谢你提醒我让我改变，才得以让我能听完孩子的打算。"

[聆听手记]

"我这么做都是为了他好！""我的学生都感谢我当年严格要求他们。""我管好了那么多的学生，但为什么就管不好自己孩子呢？"……经常听到老师们发出类似的声音。好老师就一定是好父母吗？真的不一定。当你把教师的角色带回家里的时候，事实上你也把一个掌控者的角色带回了家。孩子的反抗其实是一个信号，他想告诉你他想要自己掌控自己了，尽管他不一定能把自己管好，但是管理自己的能力是需要慢慢培养的，就像一个孩子刚刚学走路，不能因为担心他会摔跤就剥夺他学习走路的机会。而亲子沟通的最好契机，就是在家庭聚会时平等地、像成年人和成年人一样地交换彼此的想法。

劳心无果的包办妈

这天，退休老师姚美娟来心理咨询室找我。她面带愁容，头发有点凌乱。这位当年全校有名的老师，除了天生丽质外，还是一名特别能干的女性。她不仅把学校的工作干得漂亮，家里活儿也是一把好手。总之，在大家的心目中，没有什么事是姚老师不能做的。

看到姚老师都无心打理容颜了，我知道她家里一定有事发生。

"我儿子离婚了。"果然，姚老师带来的不是好消息。

尽管姚老师已退休多年，但她愿意将家中喜事与同事们分享。我们都收到过她儿子结婚的喜糖、喜饼。以前学校组织召开退休教工例会，姚老师还会把漂亮、可爱的小孙女带来参加活动。

"儿子离婚，孙女跟她妈妈走，你是担心自己会寂寞？"

"这就是让我想不通的地方了。他们离婚，居然都提出不要孩子，说他们不会带孩子，孙女从小就是跟着我长大的，现在应该继续由我带。你看看现在的年轻人，都已经是做父母的人了，怎么说出来的话还像个孩子呢？"

"是啊！你儿子多大啦？"

"32 岁啦，孙女也已经 3 岁了。"

"那他们的婚姻究竟是遇到了什么问题呢？"

"我也不明白啊！他们就说日子过得没劲就离了。我看他们每天的日子不是过得也舒舒服服的吗，怎么说没劲就没劲了呢？"

"哦，那你可以描述一下他们的婚后生活吗？"

"他们的婚后生活啊，"姚老师努力地想了想，"好像也没有什么问题呀。他们每天到我这里吃饭，也不用自己带孩子，不开心了就互相吵几句，吵过了就又黏在一起了。这次离婚我以为他们是闹着玩的，没想到他们却当真了。"

"你说他们就像小孩子一样，是不是你包办了他们所有的事情了呢？"

　　"是的。"她很肯定地点了点头，"现在想起来，我对儿子从小到大的教育是有问题的。我好像是包办了儿子的所有事情。中考他没有考好，我想尽了办法让他进重点高中借读。他在重点学校跟不上学习进度，自信心备受打击，高中勉强毕业后上了职业院校。当时，儿子提出来要学艺术表演，他从小就喜欢这个，但我没同意。我对儿子说：'我们就读文职专业吧，这个专业毕业好找工作。'他从小就是一个听话的孩子，虽然跟我闹过几次，但还是听了我的话。职业院校毕业后，他想和同学一起去创业，我还是不同意。我托人让他进了学校的后勤部门，做财产保管工作。这个工作虽然无聊了一点，但是稳定呀，老百姓过日子，不就是图个安稳吗！

　　"接下来就是婚姻大事了，几次相亲未果后我就帮他物色了一个外地女孩，虽然文化程度不高，但人还是蛮聪明的，长相也不错。因为我同意，儿子也就喜欢了，就这样两人很快结婚了，一年后小孙女出生了。婚房是我买的，孩子是我带的，我看不出来他们会有什么问题啊！"

　　"那你儿子对离婚这件事是怎么看的呢？"

　　"他感觉自己结婚以来表现不错，遇到大事听老妈的，平时小事听老婆的。但万万没有想到，老婆还是提出离婚，他觉得很伤心。"

　　"从小到大你儿子都没有按照自己的想法生活过，是吗？"

　　"是的，他真的很听话。"

　　"离婚以后，他有什么打算呢？"

　　"这也是我担心的。他说想辞职，因为他老婆常常打击他说：'一个大男人，一辈子当个财产保管员，太没出息了。'"

　　"他说过辞职以后想做什么吗？"

　　"他说想开个网店，销售一点益智玩具之类的。我儿子就像个孩子，这个年纪了还喜欢玩高达之类的玩具，我不同意。"

　　"那你准备怎么办呢？"

　　"我想是不是该帮他尽快再找个对象，这样可以帮助他摆脱离婚造成的创伤？"

　　"姚老师你错了。你儿子的创伤啊，离婚只是一个表象，可能根子还是在你身上。根本的问题不解决，他以后受到的伤害可能会更大。"

"你是说，是我害了我儿子吗？"

"这倒不完全是，但是，你替他安排了一切，选择了学校、工作、婚姻。他能接受你对他的所有安排，并不代表他的另一半也能接受你的安排吧。"

"是的。我儿媳妇确实经常说我儿子没有主见，对家庭没有担当，全部靠在老妈身上。他们白天要上班，下班回来也不带孩子，孙女出生后就一直是我带的。孙女断奶后，儿媳妇就每个周六才来看一次。"

"你帮他们做了一切，但是家庭是需要他们两个人一起经营的，在互相扶持、共同解决生活难题的过程中，感情才会慢慢建立起来。但是现在，你替他们把这些事情都完成了，那他们用什么来经营感情呢？"

"那你说该怎么办呢？"

"姚老师，其实我的意见很简单，那就是把生活还给他们。他们已经是30多岁的成年人了，应该能为自己的行为负责了。"

"那你能不能和我儿子谈一谈呢？我感觉他很痛苦。"

"好的，只要他有这个需要。"

第二天，姚老师的儿子来了，是一个高高大大的男人，他自我介绍说叫文浩。"关于离婚的事情，我确实很伤心，但是我老婆，应该是前妻吧，她离开我最重要的原因是，她说我不是一个独立的男人，事事都听我妈的。我问她：'那我妈有没有伤害你？'她说没有，但是她说她想找的是丈夫，而不是谈一场青春期的恋爱。这话对我影响太大了。"

"这话说得太好了！文浩，你妈帮你安排了一切，你从来就没想过要反抗吗？"

"说从来没有反抗过那是假的，但是我妈很强势，不管我怎么反抗，她总有办法把我引到她想要的那个方向去。事实上，我觉得我妈为这个家付出了很多，而且她是为了我好。不过，老师，我确实做过一个很可怕的梦，而且不止一次。"

"是一个怎样的梦呢？"

"我在梦里杀死了妈妈，梦醒以后，我很难过，很自责。老师，请您帮我分析一下，我为什么会做这样的梦？"

"你还记得第一次做这个梦是在什么时候吗?"

"记得,那是我读高职的时候。那时,我很想学习艺术表演,但我妈不同意,要求我学文职专业,说这个专业毕业好找工作。其实我一点都不喜欢现在这份工作,但我妈说,要做一行爱一行,只要喜欢,每一行都会有出息的。"

"文浩,在梦里你把妈妈杀死了,并不代表你有犯罪的倾向。事实上,这是独立意识萌芽的信号。青少年的独立行为总是表现在对权威的挑战上,而这个时期权威的代言人基本上是父母和老师,在你的梦里,你母亲就是权威的代表。"

"哦,因为这个梦,我对妈妈既反感但又心存内疚。原来我不明白自己为什么会对妈妈起这种念头,现在听您这样一说,我释然了。"

"文浩,你今天反映出来的问题,其实是青春期你没有完成的任务。"

"您说的是独立吗?"

我点点头。

"那您的意思是,我不应该再继续听妈妈的话了?"

"独立不是不听谁的话,这或许仅仅是青春叛逆期时的一种外在的表现罢了。真正的独立应该是能够为自己做负责任的决定,会倾听自己内心的需求,会整合各方的建议,会对现实做出客观、合理的评估,而不是简单地喜欢、抱怨或者委曲求全。"

"老师,我听明白您的意思了。您是说,我虽然已经 32 岁了,但还没有完成从依存到独立、从冲动到理性的成长过程,对吧?"

"你概括得真好!离婚虽说是件不开心的事,但这样的经历也许能让你快速长大。离开妈妈的控制,找到自己追求的目标,你一定可以成为一个真男人的。"我笑着跟文浩击了一下掌。

[聆听手记]

在家庭教育中,我们常常会看到有的强势的母亲在爱的名义下,包办了孩子的现在和未来。姚老师就是这样一位强势的母亲。由于从小就习惯了母亲的控制,文浩的内心无法产生做事的动力,在母亲的强权压力下,文浩知道抗争是无用的，内心想说的"不要"只能通过梦境来表达。由于在生活中独立做决定的机会不多，一切都由母亲教导、指挥、安排，久而久之，文浩就放弃了自己的责任，失去了独立解决问题和面对生活的能力，以致无条件地服从和依赖母亲。

　　对姚老师来说，对儿子最好的帮助就是把生活还给他，虽然他的青春期已经超龄，但生活之路还长，还来得及。

二孩时代，生？不生？

钟奕是一名高中生物老师，今年 34 岁，有一个 5 岁的女儿。这天，她走进我的心理咨询室，是想和我讨论该不该生二孩的问题。

既然钟老师问得很直接，那么我答得也很直接："对这个问题，你自己有哪些想法呢？"

"其实，我是喜欢多子多孙的那种人。"她笑着对我说，"从小，我就喜欢听妈妈说他们姐弟三人小时候的那些故事。我和舅舅、小姨家的孩子相处得也很好，表姐弟就像亲姐弟一样。那个时候我就想过，等我长大了，也要生很多孩子，不要只生一个。"

"那你现在还犹豫什么呢？"

"我和老公两个人都是独生子女，是符合政策的，原来打算等老大满 6 周岁之后，我们再生一个。'全面两孩'政策出台之后，全家都希望我们能马上再生个二孩，但我有点犹豫。先说我女儿吧，她跟我说：'妈妈，我会很乖的，我不要弟弟。'"

"你女儿一定是听到些什么了吧？"

"是的。这个政策实行后我婆婆是最开心的。当初我生女儿的时候，她虽然嘴上没说什么，但是我知道她内心有点失望，非常希望有个孙子。"

"你是不是在担心，若是二孩还是女孩，怕他们更失望？"

"嗯，有一点。但其实应该这么说，我更在意女儿的感受。"

"你这个想法很重要，那么，你想过没有，你女儿的这个想法是怎么来的呢？因为你自己是独生子女，你小时候想过要有兄弟姐妹的，为什么她会和你有不同的想法呢？"

"其实我问过她，要不要弟弟、妹妹和她一起玩啊？她说要的，还把自己的玩具留起来，说要给弟弟玩，因为她经常和我表妹的儿子玩。我婆婆有一次在她哭闹的时候对她说，'你不乖呀，等妈妈生了弟弟就不喜欢你了'，女儿就把这话记下来了。"

"那你认为，如果有了二孩，对你女儿的成长是有利的还是不利的呢？"

"我觉得是有利的，因为她要学会和弟弟、妹妹分享爸爸妈妈的爱，而且，对我们来说，学会处理她和弟弟、妹妹的关系，也是一个很重要的课题。她奶奶当时这样说的时候，我就马上制止了。"

"好吧，既然家人不是你担心的最重要的原因，那么，你最担心的是什么呢？"

"我担心我的职称评审。"钟老师有点不好意思地笑了笑，"我24岁大学毕业后上班，27岁和先生谈恋爱，28岁结婚，很快就有了孩子。那个时候真是不懂，产假结束回校上班才发现，和我一起进学校的伙伴们职称都晋级了，只有我还是初级。她们很有计划地先晋级职称，再结婚生孩子，什么也没有耽误；可我就没有做好规划，我的中级职称比同时进校的伙伴晚评了两年，直到现在，我好不容易赶上了她们的节奏。当下又到了评高级职称的时候，如果在这个节骨眼上，我生二孩请假，必然又要错过机会了。"

"这真是个两难问题。如果等职称评好了再去生二孩，你是不是担心自己的年龄要错过了呢？"

"是的，这正是我犹豫的地方。我已经34岁了，严格来讲已经是高龄产妇了，超过35岁再生育会有风险，不仅可能影响孩子的生命质量，也有可能导致我身体难以恢复。再说啦，我女儿已经5岁了，再晚的话，两个孩子年龄差得太大，他们之间也不好沟通。"

"既然你有那么多的理由支持自己生二孩，那你的犹豫是否表明还有什么重要的反对意见呢？"

"老师你是不是觉得我是个纠结狂啊？"她做了一个鬼脸，"确实，我师傅的意见对我的影响也很大。我师傅是我们生物组的教研组长、学科带头人。她是个标准的'白骨精'，就是白领中的骨干精英。她没有孩子，都40多岁的人了看上去特别年轻。她事业发展得好，生活也很精致，每个周末都会和老公一起出去度假。她总是说：'要什么孩子啊，女人的青春本来就短暂，要对自己好一点。有时间花钱养孩子，还不如好好养自己。现在养大一个孩子要花费上百万，有这些钱，自己养老也够了，我才不相信养儿防老这一说法呢。我们这一代人，老了都会在养老院过。'所以，她一听说我要生二孩，一百个反对。她对我说：'你生完一个孩子，已经完成了女人的任务了，何苦还要为难自己?!'"

"听上去你师傅的生活状态正是你想望的。事实上，你也关注自己的职业发展，也希望过自由的生活，但是，这些与你目前的家庭生活是有冲突的，对吧?"

"对，是这样。"她很肯定地点了点头。

"那你对生女儿这件事后悔过吗?"

"这个倒从来都没有。生了女儿以后，的确有很多事情不能兼顾，晚上回家不能备课了，也很久没有和闺蜜一起逛街、买衣服、喝咖啡了。但是我依然还是庆幸生了她，每次回家看到她都觉得很温暖，有了她，我也更确定自己想要的是什么样的生活了。"

"好，你能说说自己想要的是什么样的生活了吗?"我反问她，"其实，我们的生活应该是由高度、宽度和温度等多个维度构成的。选择生孩子，就是选择了生活的宽度，让自己的角色更丰富；选择工作和职称晋升，就是选择高度和深度，让自己飞得更高；而选择做快乐、自由的人便是选择了温度，让自己过最热情的生活。你的师傅无疑选择了生活的高度和温度，但是，她放弃的是生活的宽度，那你呢，你的选择是什么呢?"

"老师，被你这样一说，我原来看上去很杂乱的选择似乎有点清晰了。"她静静地思考了起来，"其实，我应该在生活的宽度、高度和温度之间做一个平衡的选择。"

"是的。但是，世上没有完美的选项，你选了高度，就有可能会减少宽度，降低温度。反之亦然，当你追求某一样的时候，另外一样就有可能随之减少。"

"就像鱼与熊掌不可兼得一样，对吗?"

"对，生活的选择有时也让人纠结。另一种选择方式是，按照你最受不了的程度来选择，你最不能忍受的生活方式是什么呢? 是碌碌无为、苍白无奇，还是……你现在已经有了女儿，未来虽不至于孤苦伶仃，但你是否更在意儿孙绕膝呢?"

"我最不能忍受的就是孤苦伶仃，所以，我选择在 29 岁的时候要孩子，这个我一点也不后悔；我最喜欢事业有成，所以，有了孩子之后，我仍然很努力地工作。"

"但事实上，生活的宽度、高度和温度并不是你一个人能决定的，而是家庭成员的共同决定。你们希望先扩充哪个维度？你先生能够给你哪些意见和支持？"

"我婆婆自然希望我先扩充生活的宽度，但我先生认为，有一个女儿足够了，他觉得女儿和他的关系比他小时候和他父母的关系要亲密很多。因此，他认为没有必要再要一个儿子，自然也没有必要再要一个女儿了。"

"好，那样选择就简单很多了，你先选择自己喜欢的方式，然后再选择自己最受不了的方式，两个选择的交集也许就是你最后的选择。记住，世上没有完美的选择，不做选择才是最糟糕的选择。"

"嗯，我明白了，回家好好想一想，认真做选择。"钟奕微笑着与我告别。

[聆听手记]

现在国家实行"全面两孩"政策，女人要面对是否生二孩这个现实问题。对一位女教师而言，生育、哺养孩子时期同时也是从新手教师成长为熟手教师的关键期，不管是在专业发展上，还是在行政管理上，都是事业发展的关键期。这一阶段，也是身体正好、手头渐宽、眼界正广、享受世界大好时光的幸福阶段，那么，这个阶段，你是继续发展职业，是享受生命，还是再生个孩子呢？

世界上没有完美的选择，如果你选择了生活的高度，就可能会减少生活的宽度和降低生活的温度，反之亦然。每个人都有自己希望的生活方式，因此，选择要遵从自己内心真实的想法和需要，而不是单纯地听从别人的要求。

其实，女教师需要思考的系列问题还有：怀孕时真的需要长久地远离职场？养大一个孩子真的需要上百万？产后真的难以尽早回校工作？……

事实上，生育孩子这件事，是一种很特殊、很奇妙的人生体验。在人生的各种阶段中，该何时做何事，本身就是一种选择。

两个蓝精灵带来的困扰

一天，我收到一封题为"两个蓝精灵"的电子邮件，来信人自称是前不久听过我讲座的中学女教师小乔。她怀着信任和求助的心情，希望我能够帮她摆脱蓝精灵带来的困扰。经过简单交流，我知道小乔远在黑龙江，为了便于咨询，我建议她做电话交流。

"老师，我最近常常梦见两个蓝精灵。"我听到了小乔低沉而略带伤感的声音。

"梦中的蓝精灵对你的生活有很大影响吗？"我问。

"是的。两个蓝精灵困扰我很久了，有时半夜被梦惊醒，枕巾已被泪水湿润。"她的声音有点哽咽。

"看来两个蓝精灵对你的伤害不小，能具体讲讲它们在哪里出现？做了一些什么？你看到它们时的感受如何？"我抛出了问题。

"春天，草地上开满了黄色的小花，一个快乐的蓝精灵向我走来，微笑着邀请我与它一起去树林里采蘑菇。我开心地跟它走，手上抱满了它采来的小花和蘑菇，感觉自己非常幸福。天色渐暗，我感到紧张。突然刮大风了，眼前不再美好，我感觉自己非常害怕，找不到回家的路。暴雨无情地浇下来，我整个人都被淋湿了，感觉很冷，开始发抖，感到恐惧。我叫喊着，寻找把我带进树林的蓝精灵，找了很久，终于看到它躲在大树下瑟瑟发抖。我恨它，但也可怜它。"小乔带着失落的心情讲述梦中的蓝精灵。

"这是一个让你失望的蓝精灵，那另一个呢？"我继续问。

"在最黑暗的时候，又来了一个蓝精灵，感觉这个蓝精灵个头更大一些。它走到我的身边，安慰我说：'太阳马上就要出来，一切都会过去的。'果然，天慢慢地亮了起来，太阳重新露了出来。有了它的陪伴，我不觉得冷，也不害怕了。两个蓝精灵慢慢靠拢，好像在交谈，又好像在争吵。不知哪来的一股力量把它们隔开了。一个愤怒的蓝精灵向后方走去，一个和蔼的蓝精灵向前方走去，我不知道该跟哪个走。"小乔似乎在等待我的答案。

"我感觉你更喜欢那个和蔼的蓝精灵，对吗？"我明确地提问。

"是的。前面那个蓝精灵让我感到害怕和失望，后面那个给我温暖和力量。"她明确地回答。

"既然如此，何去何从不是很简单吗？你还犹豫什么呢？"我想让她正视自己的纠结。

"老师，看似简单，其实并不简单，这就是我的困扰啊！"她十分无奈地说。

"你刚才对我说的是梦境中的故事，但我觉得你在现实生活中，似乎也存在着两个令你难以取舍的'蓝精灵'，你的痛苦不仅仅来自你梦境中的无奈，主要来自现实中的冲突。仔细想一想：现实生活中的蓝精灵是谁？困扰你的问题是什么？等你有答案了，我们再继续交谈。"我通过提出问题，结束了本次交谈。

一周后的周六晚上，我接到小乔打来的电话。她终于完整地讲述了现实中两个蓝精灵的故事："老师，我知道两个蓝精灵是谁。一个是我老公，一个是校长。让我失望的是老公，让我心动的是校长，但我不知道是否可以离开老公跟校长走。是离婚还是做'小三'，我很纠结也很痛苦。"她大胆地说出了深藏内心的秘密。

"你可以说说想与你老公离婚的理由吗？"我想让她弄清楚她对她老公失望与愤怒的原因。

"我与老公的相识，是在八年前的大学毕业典礼上。我是中文系的，他是物理系的。记得毕业典礼当时是在学校草坪上举行的，欢乐的场景让我们沉浸在毕业的喜悦之中。我奔跑着经过他身边时，风吹落了我的帽子，我正想去捡回时，他微笑地把帽子送到我手中。他彬彬有礼的微笑给我留下了深刻的印象。毕业典礼结束，我再次经过帽子被吹落的地方时，看见他站在那里，好像在等我似的。让人不敢相信的是，后来我们居然成了同事，在单位我与他就有了与其他人不一样的感情。真是太有缘了，在这样的心理暗示下，我们很快谈起了恋爱，一年之后，顺利结婚、生子。

　　"儿子的出生让我们陶醉在爱情的幸福之中，每天看着老公忙忙碌碌的身影，我真感觉他像是一个快乐的蓝精灵。在抚养儿子的过程中，我们发现儿子吃奶时吸吮无力，喝奶困难，哭闹后口唇、指甲青紫，经常感冒，反复患呼吸道感染。一年前儿子因肺炎住院治疗时，医生告诉我们，孩子患有先天性心脏病，而先天性心脏病人中仅有少数可以自然恢复，大部分随着年龄增大，并发症会渐渐增多，病情也会逐渐加重，所以手术治疗是常选的方法。听到这样的诊断结果，我们很害怕，不知道以后的日子会怎样。我们担心、无奈、紧张、焦虑，家里再也没有了轻松、欢乐的笑声。为了孩子的健康，我勇敢地支撑着，但作为一个女人，不论是在物质上还是在精神上，我都希望有一个结实的肩膀可以依靠。在我陪孩子四处求医治病时，老公总是唉声叹气。他的沉默、退缩、抱怨和逃避，让我感到无助和无奈。

　　"因为需要多次带孩子去北京治疗，所以我向学校请假也就成了常事。在努力工作与照顾家庭出现冲突时，我内心很矛盾，此时多么希望老公有个态度，但他总是沉默不语，借口学校工作忙，常常很晚回家。说实话，我也抱怨老天不公，为什么不让我们拥有健康的孩子，但抱怨又有什么用呢？在我最无助的时候，校长来了。他安慰我说：'工作固然重要，但孩子的治疗更重要。'他给我调整了工作，让我可以比较自由地请假照顾孩子。我从内心感激校长，因为他是给我带来希望和信心的领导，也是让我感受到温暖与力量的男人。在一次次的交往中，我慢慢地产生了爱慕之情，多次在梦中呼唤他的名字，希望被他搂在怀里，享受做'小女人'的幸福。"小乔陶醉似的叙述着。

　　我静静地听她描述，不忍心打扰她的梦幻，因为在这短暂的幻想中，她享受着温暖和幸福，得到心灵的放松和滋养。但现实是残酷的，她必须理性面对。

　　"两个蓝精灵在争吵什么？它们为什么向着不同方向走去？"我想让她回到现实。

　　"其实，我并没有听到它们在吵什么，但我想它们是情敌就一定会争吵，一定会分道扬镳的。"她如实地说。

我听出小乔对她老公与校长的感受完全不同，对她老公是失望、厌恶和愤怒，对校长则是感激、崇敬和青睐。她把自己推到了现实与理想分裂的地步。

"小乔，我知道了你内心的想法，校长是你的梦中情人，你想成为校长的新娘，对吗？但从现实来说这是多么的荒唐，你想让自己活在梦中。今天我给你布置两个作业：第一，了解校长目前的家庭状况，了解他对你的关心是出于怎样的动机。第二，与老公做一次深入的交谈，了解他对儿子病情的想法。"这次的心理咨询在布置作业后结束。

我给小乔布置这些作业的目的是，让她走出狭隘的自我想象圈，强化她与她老公的沟通和连接；通过了解校长的家庭与关怀动机，看到单相思的局限性和盲目性。

又过了一周，小乔再次打来电话说："老师，我弄清楚了一些情况，心里亮堂多了。"从她的声音中，我感觉到了积极向上的力量。

"好，我正期待着听你说呢。"我也积极地回应。

"老师，先汇报第一个作业：校长的爱人在教育局工作，是个美丽、聪慧的优秀干部。他女儿在大学读书，一家人和谐幸福。据说校长最近要调动岗位，被派到100公里以外的新建学校去任职。校长不仅对我照顾，其实他对每位教职工都非常关心。看来是我在感激之余萌生了多情之意，实在是太不好意思了。第二个作业，我与老公认真地谈了一次，了解到他为弄明白儿子的病情，在网上查阅了大量的资料，咨询了国内的相关专家，了解到通过手术治疗可以根治，为此他也与他父母沟通，筹集钱款，等有机会就带儿子做手术。其实，我老公本来就是一个内向的人，想得比说得多。平时在家大小事务总是我做主，现在我没了主张，他却在悄悄地努力。"小乔轻松地汇报完自己这一周完成两个作业的情况。

"两个蓝精灵还困扰你吗？"我调侃地问。

"我知道该如何面对未来了：我会感谢校长，然后与老公一起抚养儿子。"她很有信心地说。

我衷心地祝福小乔一家能够突破困境，走向幸福。

[聆听手记]

这个案例从表面上看是梦中的两个蓝精灵困扰着小乔，其实，这是她内心矛盾冲突的投射。小乔与我谈论的是梦境中的故事，而实际遭遇的是婚姻生活中的两难问题。我们可以判定，两个蓝精灵是她生命中的重要的人，失望与不舍、愤怒与依赖、情感与理性，让她挣扎在自由追求与伦理约束的矛盾之中。

心理咨询师在心理咨询中并没有给小乔该何去何从的建议，在价值观上也没有做出评判，而是在合理性上提出质疑，让小乔理性地了解校长的关心动机，打消她想入非非的多情之意；让小乔认真地与她老公沟通，排除她对她老公沉默不语、没有担当的误解。由此，小乔走出了封闭、狭隘的自我意识圈，自然也就摆脱了两个蓝精灵的困扰。

你那么好，为什么没有男朋友

一天，学校的小王老师找到我问："老师，想求您帮个忙，不知道是否可以？"

"只要我能帮得上忙，应该没问题。"我明确地说。

"那太感谢您了。我有个大学同学叫曹华，也是一位中学教师，今年都36岁了，还没有结婚。她父母非常着急，想请我帮她找个心理老师开导开导，帮助她尽快解决婚姻大事。"小王说出了求助难题。

"要帮这个忙有点难。因为父母和朋友再着急也没用，只有她自己着急才有用。你能告诉我，曹华对自己的婚姻是什么态度吗？"我理性地问。

"上大学时，我们是那种无话不谈的好朋友，所以，她的情况我比较了解。她并不是不想谈恋爱和结婚，而是没有遇到合适的人。当她父母催婚时，她总是回答：'缘分未到，无可奈何。'"

"据你了解，曹华是想结婚的，但苦于一直没有找到合适的对象，是吗？对一个36岁的女生来说，未婚自然会承受很大的压力。如果你真的为她着急，想帮助她，我的建议是，你动员曹华主动来做心理咨询。因为只有她敞开心扉地谈困惑、愿望，心理咨询师才能帮她找到一直未婚待嫁的原因，与她一同设计解决婚姻大事的行动方案。"

"好吧，我去说服曹华主动来找您谈谈。"小王表现得还蛮有信心。

大约一周后，小王兴奋地告诉我："经过我的劝说，曹华终于愿意来找您做心理咨询啦！"

三天后的傍晚，小王陪着身材高挑、外貌冷艳、穿着得体的曹华来见我。简单寒暄之后，曹华对我说："老师，我们找个环境好一点的咖啡馆边喝边聊，怎么样？"我看已经到下班时间，再说解决大家的晚餐，也是既现实又重要的问题。我说："好吧，我们出发。"走到心理咨询室门口，曹华转动手中的车钥匙说："今天我开车。"于是，我坐上了她那辆白色的奥迪车。

　　从曹华一进门流露出的神态，到提出找一家咖啡馆的建议，我能明显地感觉到，她不想把自己定位为心理求助者的角色，只想成为今日话题的讨论者。这也证明，她是带有戒备心理和自我保护意识来见我的。

　　我们三人来到学校附近一家环境不错的咖啡馆。刚坐定，曹华就控制了话语权。"老师，您平时看电视吗？"她问。

　　"我看得不多，偶尔看看。"我被动地回答。

　　"最近在东方卫视播放的电视剧《欢乐颂》，您看了吗？"她又问。

　　"当然看啊，现在好多人都在追它呢。"小王忍不住插话。

　　"我没问你，我是想问老师她看没看。"曹华态度强势地对小王说。

　　"我看过一些。五个性格迥异的女人，同住在一个名叫'欢乐颂'的中档小区。她们各自有各自的工作、爱情和家庭烦恼，从邻居变成朋友，齐心协力解决生活中的种种困难。"我认真地说。

　　"没想到，老师您也追剧啊！那我们今天可以来谈谈剧中人物啦。"曹华既诧异又兴奋地说。

　　"哎、哎，曹华，你有没有搞错啊！今天我们请老师来的目的是解决你的人生大事，帮助你早日步入婚姻殿堂。"小王想及时终止曹华不进入主题的讨论。

　　我示意小王不要着急，对曹华说："我不追剧，但我愿意了解剧情，也喜欢分析剧中人物性格及形成原因。比如邱莹莹出生在平凡家庭，敢爱敢恨，有点儿无知无畏的精神，让旁人很是无奈；关雎尔出生在一个幸福的家庭，从不缺少父母的关爱，大学毕业顺利进外企工作，有些叛逆，但只是小打小闹罢了；曲筱绡是个不按常理出牌的富二代、初入商海的小老板，继承了父母的智商，又在成长中锻炼出了情商；樊胜美是最讲求外表光鲜、亮丽，但实际上是负担最重的人，因为貌美，她对男人挑挑拣拣，找不到一个如意郎君，虽然把人生目标定为找一个好男人结婚，但她其实真正需要的不是男人；安迪是从纽约归国的高级商业精英、投资公司高管，是高挑美丽、气质出众的冷美人，特立独行，精准如公式的言谈举止和海量的知识储备令人印象深刻。她有大把的优质男人追随，却活在担心和痛苦里。"

"哇，老师您真厉害，能这样分析每个角色的性格。那您知道我最喜欢剧中的哪个角色吗？"曹华主动地问。

"我不知道，因为我对你还不了解。当我了解你之后，也许可以分析出来。"我如实地回应了她的问题。

"好吧，有机会我们单独深聊吧。"她表达了心理咨询的意愿。

一周后的傍晚，曹华独自一人来心理咨询中心找我，"老师，我想找您谈谈，可以吗？"

原本我正想去健身，为了满足她的求助要求，我把健身时间做了调整。我问她："好的，我们还需要去咖啡馆吗？"

"不用，我看这里挺好的。晚餐我已经叫了外卖，一会儿就可以送到。"她显得有点得意地说。

我内心挺佩服曹华的，真是有主见、有能力、有计划、有效率的人，她的婚姻大事能遇到的是什么难题呢？

"你主动约我想谈什么主题？"我先提问。

"我想说，在电视剧《欢乐颂》中我最喜欢安迪，因为她是一个集美貌与才华于一身的女子啊！她独立、有智慧，凭借自身努力在职场上碾压众多男性。现在你可以分析我的个性了吗？"她认真地对我说。

"从个性类型来看，你是一个希望自我独立，能够把控局面的人。在事业发展中，你有追求的目标；在工作实施中，你有明确的计划；在婚姻关系中，你希望的男人是大气而不霸气、富有而不挥霍、勤俭而不吝啬、谨慎而不迂腐、果断而不鲁莽的人。你渴望得到尊重，但无法接受在你面前指手画脚的人；你渴望得到温暖，但无法接受过分亲密的人；你渴望得到自由，但无法接受强势控制你的人。"我分析道。

"您的分析很尖锐，我 36 岁了还没有找到男朋友，不是因为缺乏追求者，而是我从每个追求者身上看到了他们的致命弱点。我希望自己集美丽、聪慧、独立为一体，希望能成为我丈夫的那个男人，集富有、睿智、成功于一身。但这样的'极品'男人很少，我在等待缘分的到来。我父母很着急，天天催、日日逼，恨不得马上就把我嫁出去，但我宁缺毋滥。"曹华态度非常坚决地说。

对此，我回应道："在对待婚姻和选择丈夫的问题上，我的想法是这样的：第一，男大当婚，女大当嫁是人生的基本规律。父母希望子女喜结连理、婚姻美满、早生孩子是合情、合理的。但是否结婚是自己的事，需要自我把握，需要在尊重自己、理解父母的基础上，慎重地对待婚姻大事。

"第二，在选择终身伴侣时，我们需要谨慎对待，不能盲目草率。要在充分了解、基本认可的基础上，与对方确定恋爱关系。我们无法找到十全十美的人，性格既可以是互补型的，也可以是一致型的，两个人的价值观和人生观决定了他们是否可以共度一生。"

我的观点也许能给曹华带来启发，也许能让她澄清自我的决定。婚姻大事的主动权在曹华的手里，他人无权干涉，只能衷心祝福她早日找到真爱，步入婚姻殿堂。

[聆听手记]

每个人对待婚姻的态度都不同：有人渴望追求，有人淡定等待，也有人消极拒绝。本案例提供的是一个大龄未婚女教师对待婚姻的态度。父母的担忧、朋友的关心、心理咨询师的帮助，对她来说都是外在因素，真正能够解决与改变她婚姻状态的只有她自己。所以，我们能做的事，是关注与开导；我们可以做的事，是理解与接受。

在婚姻中找到幸福的人说婚姻是天堂，而在婚姻中历经磨难的人说婚姻是地狱。其实，婚姻既不是天堂也不是地狱，婚姻最真实的位置是人间。已婚的人要承担生儿育女的任务，要和柴米油盐打交道，要做最琐碎的家务事。附着在婚姻上的各种色彩被剥蚀后，留下的就是年复一年、日复一日的平淡日子。婚姻的本质是一个现实的男人和一个现实的女人的合作。合作者彼此必须具备尊重、理解、宽容他人的基本素质。

辅导自己的孩子真难

儿子浩泽一直是心理老师一诺的骄傲。浩泽长得标致、帅气、聪明、可爱，小学升初中的时候，以全校第一名的成绩进入当地的重点初中。在同事们的眼中，一诺老师工作出色，为人谦和，家庭和睦，孩子优秀，是大家羡慕的幸福典范。

有一天，我参加区级心理教师教研活动时，她请假说要迟到一会儿，因为她儿子生病在家，她要回去给她儿子做午饭。

教研活动结束时，我见到她，便随口问了一句："你儿子哪里不舒服啊？"她欲言又止，然后深深地叹了一口气："他不是身体不舒服，是有情绪，这孩子最近逆反得很呢！"

以前曾听她说起过她儿子逆反的事，无非就是爱打游戏、顶嘴，但这次似乎没有那么简单，我追问了一句："这次他怎么了？"

一诺老师眼泪在眼眶中打转，轻轻地问："你有空吗？我想找你咨询！"

我赶紧收拾好教研活动的用具，把她领进了心理咨询室。

"我儿子的问题从出现到现在有半年多了，一开始就是喜欢打游戏，打篮球，比较贪玩。不到半年的时间，成绩由班级的第 1 名退步到第 15 名。老师非常着急，约见我们谈话。老师说：'你儿子的学习基础很不错，就是不努力，特别贪玩。自己玩不算，还带着班上的男生们一起玩，带了坏头。'我先生是警察，性格刚烈，脾气火爆，回家就把儿子暴打了一顿。我虽然不赞同先生的做法，但一方面为了维护先生的权威，另一方面想给儿子一点教训，借先生之手，让儿子长点记性，所以也就没有制止。他爸下手很重，但儿子一声不吭地忍着，我看了很心疼。"

"打过之后，孩子的行为改变了吗？"

"他爸让他写保证书。他很倔强，向他爸爸保证，会努力学习，回到原来的水平，但不愿放弃打篮球和打游戏，保证可以兼顾学习与玩乐，但是他保证的事根本就做不到。"

"你凭什么说他做不到？"

"他的时间都花在打游戏和打篮球上了，怎么可能把学习成绩提高呢?!"

"他的学习成绩提高了吗？"

"这孩子坏就坏在他实在太聪明了，"一诺老师叹了一口气，听得出来，话里没有任何炫耀的意思，只有无奈，"作业不认真做，但是在期末英语考试中，居然还能考第 6 名，数学考第 2 名。"

"你为什么会为这件事不高兴呢？"

"因为老师不高兴，他不做作业，还带着同学们出去玩，影响太坏。老师对大家说：'你们谁都不许和浩泽同学玩。'语文老师怀疑他考试作弊，给了他零分，数学老师说他的数学卷子有改动过的痕迹。"

"你儿子怎么看这件事？"

"儿子承认了语文考试作弊的事，还说数学考卷有改动，是因为考试铃响了以后，突然发现自己做得不对，临时修改了答案。"

"你问过他语文考试为什么要作弊吗？"

"因为他跟他爸爸保证要回到原来的水平！"

"他太想证明自己，却没有用合理的方法。学校是怎么处理的呢？"

"学校给他记了大过，全校通报批评。因为语文成绩是零分，他的成绩排名落到了年级 200 名以后。他爸爸自然又是对他一顿暴打。"

"你是怎么处理这件事的呢？"我问。

"我能怎么处理呢？他爸爸怪我把儿子宠坏了，对我说：'心理老师都辅导不了自己的孩子，真是教子无方啊！'儿子看到我每天晚上给高中生发信息、做咨询，说我对别人的孩子是一套，对自己的孩子是另一套，虚伪！"

"那你儿子现在的情况如何呢？"

"现在问题真的很大。他几乎不做作业，回家就玩电脑。他爸打他，他就离家出走。今天他离家出走后刚回来，说自己身体不舒服，想让我带他去看病。我检查了一下他的身体，没有发热的症状，估计是这几天晚上没有睡好，受凉的缘故。见他情绪低落，精神萎靡，我就没让他上学，让他先好好睡一觉，中午我回家给他做了一顿午饭。"

"你知道他离开家的几个晚上都睡在哪里吗？"

"我问了，他说自己没敢走远，就在小区里的长椅上过的夜。我这一边是愤怒的丈夫，一边是叛逆的儿子，不知道该劝谁好。一个心理老师怎么就管不好自己的孩子呢？"

"试想一下，如果你不是母亲，只是心理老师，会怎样分析这个案例？"

"如果是心理老师，我会先和浩泽建立良好的信任关系，认同他的感受。事实上，儿子不止一次对我说他打游戏其实不是迷恋游戏本身，而是觉得现在的游戏设计得不完美，要么画面不美，要么晋级的设计太差，把打游戏的人当作傻瓜。他说他以后要设计一款更好的游戏，让玩游戏的人可以把这当成一种享受。"

"这不是很好的想法吗？"我肯定地说。

"是啊，我也觉得是。但是在这么多人反对的情况下我怎么敢去认同他观点呢，要是我再支持他的话，真无法想象他会痴迷到什么程度！"

"所以，老师想帮他，于是就孤立他；他爸想帮他，于是就打他；你也想帮他，于是就做了老师和他爸的帮凶。你是心理老师，你觉得浩泽会接受这样的帮助吗？"我用对质的方法问。

她沉思了很久，然后抬起头，疑惑地看着我说："你的意思是，我要支持我儿子打游戏吗？"

"你儿子只是想用这种方式来证明自己，不想按照父母的要求来生活。你们越反对的事，就是他做得越起劲的事。你支持他，并不是支持他打游戏的行为，而是支持他自主安排自己的生活。你要相信他，他是希望自己能够做得好的。当然现在虽然做得不够好，但不是他不想好，而是他的能力还不够。因此，他需要的不是你们否定他的想法，而是愿意给他一点时间，让他慢慢地可以变好，而这个'好'，一定是他自己根据自己的意愿完成的结果。你儿子虽然才上初一，但是他的自我意识已经觉醒了，他绝对是个高智商的孩子呢！"

"是啊，我在美国的同学也说过类似的话。她说在美国，越早叛逆的孩子智商越高，当时听着觉得还是比较认同的。但是，真的轮到自己家的孩子时，这滋味真的太难受了。"

"我能理解你的感受。俗话说，医不自医。心理老师能理性、清醒地对待其他孩子的问题，但面对自己孩子的问题的时候，我们又回到母亲这个角色上了。"

"我有点明白了，在我儿子这个问题上，我和其他有问题行为的孩子的母亲一样。天知道，我还一直在为她们做心理咨询和辅导，但是，却看不到我自己的问题。"

"因为在你儿子这件事情上，你不仅是心理老师，更是一个母亲。所以，我们的专业一直需要我们'神入'，以增强我们的同理心，但是，在遇到自己有问题的时候，我们却要'神出'，试着离开母亲这个角色。这样，两个'我'开始对话，我们可以更清楚地看清自己的问题。"

"我明白了，我知道今天回家该怎样与儿子谈了。"

第二天，我在微信上收到了一诺老师的留言："昨天回家，我很真诚地做了改变，效果不错。我对儿子也不再只提学习的问题，而是拉着他出去散步，谈我对他内心想法的理解与认同，我们两个人的关系一下子恢复到了以前。儿子很开心地说：'我终于见到了一位做心理老师的妈妈。'我也豁然明白，在儿子的眼中，母亲与心理老师并不是对立的两个角色。"

[聆听手记]

心理老师为什么辅导不了自己的孩子？因为心理老师自身也是家长，和所有的家长一样，担心孩子不能管理好自己，因此会替代孩子做决定；因为心理老师帮助过很多孩子和家长，所以，总以为只要自己做得足够好，就会避免孩子出现自己曾辅导的其他孩子的问题。

事实上，不管家长做得怎样好，孩子到了青春期，随着自我意识的觉醒，他要求独立的愿望就会萌发，只是，有的孩子会来得剧烈一点，像浩泽，而有的孩子会来得温和一点。所以，不是心理老师不会辅导自己的孩子，而是心理老师需要辅导自己，让自己去接受孩子的改变，就像接受孩子会长大一样。

我一直等待做他的新娘

在同事的婚礼上，我遇见一位女教师，从背面看，她好像是一位妙龄少女；但从正面看，岁月的痕迹无情地留在她的脸上，皱纹也毫不留情地爬上她的眼角，白发在不再茂密的黑发中依稀可见。据我估计，这位精心打扮的女教师应该已是人到中年。她孤身一人默默地坐在桌边，静等婚宴开席。留给我的第一印象是，她应该是一个有故事的女人。

因为我与她的座位相邻，所以，在婚礼进行中，我们做了一些简单交流。她自我介绍叫红梅，是新娘的姑姑。当她得知我是心理咨询师时，主动要了我的联系方式，说以后可能会找我咨询一些问题。

大约两周后的一天，我接到她的来电。她很认真地提出做心理咨询的请求。我们约定周三下午两点在心理咨询室见面。

红梅如约而至，身穿酒红色羊毛连衣裙，外配藏青蓝薄呢子大衣。打扮后的她，流露出成熟下的知性与精致的气质。

"红梅，请坐，谢谢你的信任。我有什么可以帮你？"我一边寒暄，一边进入心理咨询的程序。

"老师，你好。婚礼上的相遇，你给我留下了深刻的印象。不瞒你说，我在网上查过你的相关信息，知道你是一位经验丰富的心理咨询师，所以，今天我来找你想谈谈我的个人问题。"她直接表达了自己的想法。

"好。"我果断而诚恳地应答。

"我今年已经48岁了，还没有结婚。不是我不想结婚，而是我想成为他的新娘。"她直奔主题了。

"我想知道'他'是谁，你等他等了多久？"我聚焦主题地提问。

"我等他已经等了整整25年了，他是我的初恋情人。"她好像进入了时光隧道，开始回忆起来。

"25年前你应该是一名大学生吧？他有怎样的魅力把你深深地吸引呢？"我有点不解地问。

"在我看来，他魅力无穷，让我难以忘怀。他是我的大学老师，虽然过了这么多年，但我忘不了他那一口纯正、流利的美式英语；忘不了他热情而又深邃的眼神；忘不了他给过我的拥抱与亲吻；忘不了坐在他自行车后座上在郊外飞驰的快乐；忘不了在高山草甸上奔跑的浪漫；忘不了……"红梅对他的情感没有控制地流露出来。

"我能够感受到你对他的爱，爱得很深、很浓烈，甚至有点'痴狂'。在内心珍藏25年的爱，该是一份怎样的折磨？在我看来，这份爱对你来说是否已经成为一种伤害？"我再次聚焦主题提问。

"因为我们疯狂的爱，他受到他妻子的举报，受到了学校的警告。为了回避我，他带着家人去了美国。但他出国前给过我一个承诺，让我好好地等着，他一定会回来娶我做他的新娘。就这样，我一年又一年地等待，整整等了25年他还没有回来。"红梅终于忍不住地哭了起来。

"那他现在在哪里？生活得如何？他准备何时与你结婚？这么多年他给过你消息吗？你觉得他会回来娶你做新娘吗？"我追问道。

"虽然他一直没给我任何消息，但我在梦中常常见到他。我告诉他我还在等他回来娶我，他点点头。我想他应该会信守承诺吧。再说，我都等了这么久了，放弃不就前功尽弃了吗？"

在等与不等的问题上，红梅很纠结，假如不再等待，似乎成了不守诺言的失约；如果继续等待，可能进入无解的困局，于是我换个话题跟她探讨。

"红梅，在这25年的等待期里，没有人为你介绍过男朋友吗？你也没有见过比他更好的人选吗？没有人为你开导过，不要把自己的一生押在虚幻的承诺上吗？"我想打开她的思路，帮助她跳出狭隘的自我束缚。

"不瞒你说，我被父母催婚，也被无数人提过亲。有时也现实地想过自己的未来，也尝试着去见见别人介绍的对象，但很难有能令我动心和满意的人选。我知道，青春的感觉是一去不复返的，25年前的激情再也找不回来了。花未开就凋谢，人生确实挺悲哀的。"她显得很无奈和伤感。

"我欣赏你有过重新尝试的行动。现在我们是否可以现实地分析一下，以后该怎么办？在感情的世界里，你有过25年前美好的恋爱经历和25年等待的痛苦经历。等待的主动权不在自己手里，我们是否可以让它成为一段封存的记忆，从今天开始追求自己新的生活？想一想身边是否有可以陪伴终身的伴侣，是否可以让自己做回新娘？"我向她提出新的思路。

"我一直等待做他的新娘，现在看来也许真该换个思路了。"她若有所思地说。

"你能说说别人给你介绍的对象，在哪些方面你不满意吗？"我想了解她的择偶标准。

"嗯，先说说 A 男。他是一名大学教师，比我大 5 岁，外表和修养与我还是比较般配的。但从交往中我得知，他身边有一个前妻留下的女儿，现在正读初中。我可能无法拥有自己的孩子，但我绝不愿成为别人孩子的后妈。就这样，我们分手了。

"再来说说 B 男。他是一名软件工作师，40 多岁的人至今未婚，收入颇丰。有一次，我提出想约会，他说手头有项紧急的任务要完成，能否改日再见面。我一听就不高兴了，太不把我当回事了，还没结婚就这样，以后还不知道会怎么样呢！与一个'工作狂'生活肯定毫无浪漫可言，经过考虑我回绝了对方。

"最后说说 C 男。他是一个歌手，平时我会与他一起看电影，喝咖啡，假日郊游，生活充满了激情与浪漫，从这一点上来说，他倒是挺符合我的生活情趣的。我也知道人不可能活在理想中，而应该现实地生活。结婚后家庭的吃、住、行都是必须考虑的事，所以，我与他谈论购买婚房的事，他说申请贷款就行；谈到家庭消费开支，他说 AA 制挺不错的，信用卡透支也可以。与这样的人结婚，太不靠谱，太没有安全感了，我觉得尽早分手才是上策。哎，要找到一个合适的人真的很难，没有一个能让我托付终身的。"她叹气地说。

"那你想找一个怎样的丈夫，心中有标准吗？在以下几对夫妻中，你羡慕哪位太太？A. 马云与张瑛；B. 杨振宁与翁帆；C. 文章与马伊琍；D. 克林顿与希拉里。"我为她出了一道选择题。

红梅认真地思考后说："马云富有但不帅气，杨振宁有才但缺活力，文章有型但缺责任感，克林顿是'高富帅'，但缺忠诚度，看来十全十美的男人是没有的。"

"我想再问一下，在你很多次的相亲经历中，是否有对方提出不满意而分手的？"我换了个角度提问。

"当然有啊。有人嫌我年纪偏大，生不了孩子；有人嫌我成熟有余温柔不足，不像年轻姑娘会发嗲；还有人嫌我不会料理家务带孩子。真是各种各样的人都有，他们希望找个'上得厅堂，下得厨房'的女人，还要听话乖巧、温柔体贴。这些人想得倒是美！"她越说越来气。

"我希望你回家后好好想一想，自己究竟想成为谁的新娘？"我暗示她这次的心理咨询到此结束，下次若有新想法、新话题再讨论。

"老师，谢谢你！我回去再好好想想，也许今天的谈话会成为我走向新生活的起点，但假如他真的回来了呢？"红梅还带有一丝幻想与顾虑。

"假如他真回来了，仍然值得你爱，那你就做他的新娘；若不值得你爱，你就做自己选择的人的新娘。我真心地期待你穿上礼服做新娘的那一天。"

[聆听手记]

本案例从表面来看，红梅求助的是如何解决对初恋情人思念的问题，但其实心理咨询的重点是如何解决红梅情感创伤后的自我定位问题。整整25年的等待，她从青年等到了中年。固化了的恋情体验让她梦想成为他的新娘，至今仍活在虚幻、浪漫的想象中的她，不愿接受现实的婚姻生活，也无法追求真实的爱情。

现如今，很多大龄未婚女青年被称为"剩女"，找对象的难度也大大增加。但只要摆正心态，合理定位，总会有合适的有缘人在等待。一个女人随着年龄的增长容貌一定会衰老，但可以通过丰富自己的内涵让人因气质优雅而美丽。一个人能不能生孩子，是由生理条件决定的，但具有博爱之心的人，同样可以体验母爱或父爱的伟大。"众里寻他千百度。蓦然回首，那人却在，灯火阑珊处。"红梅应该明白，48岁算不了什么，幸福的人生可以在此起航，她有成为新娘的权利，也完全可以成为幸福的新娘。

别让家人觉得你只顾赚钱

　　一个周六下午，因孩子离家出走而预约做心理咨询的一对夫妻如约到了，我问他们："孩子现在怎么样了？"

　　妻子说："已经回来了，他一个人在家。"

　　丈夫说："他一个人在家还自在些，我们在家的话，一家人都不痛快。"话语中明显带着情绪。

　　在来访者填写基本情况的时候，我看到两人的职业一栏填的都是"教师"。"你们两个都是老师啊？"我确认。

　　"是啊。"丈夫回应，"你是不是感到奇怪，两个老师都教不好自己的孩子！"

　　"你能不能少说几句呢！"妻子终于受不了丈夫的态度了。

　　"不是说来做心理咨询的吗？我不说怎么能咨询呢？！"丈夫也不示弱。

　　"老师的孩子出点问题也正常，这和医生自己和他的家人也会生病是一样的。我只是想知道，你们两人在孩子面前的说话方式是不是也是这样的呢？"我用提问的方式制止了夫妻俩逐渐升级的口角之争。

　　"差不多吧，他对儿子从来都没有好好说过话！"妻子的话中带着不满，丈夫摇着头一脸的无奈。我预感到今天咨询的主题不仅是帮助他们解决亲子沟通的问题，还需要帮助他们解决夫妻沟通的问题。

　　"好吧，先来说说孩子的情况吧，由谁先开始呢？"我征求他们的意见，

　　丈夫略带调侃地说："女士优先。"

　　"事情的起因是这样的，儿子现在读初二，成绩很不好，他自己读得也没有了信心。关键是他不努力，平时还撒谎。上周五，儿子的班主任把我叫到学校，告诉我他的表现——学习不认真，总是抄同学的作业。我很生气，回家就让他把作业重新做一遍。他答应得好好的，但进了他自己的房间后，就无法控制自己的行为了。半小时后我进他房间检查时，发现他根本没做作业，而是在玩手机。我一气之下就把他的手机给摔了。没想到他

立马发起飙来：'你们说话都不算话，说好不告诉爸爸的，你还要告诉他；说好手机是送我的生日礼物，你说摔就摔！反正我不是个好孩子，我在这个家也待腻了。'他边说边往外走。我拉他，他就大喊：'你如果不让我走，我就从这楼上跳下去。'我哪敢不放手，我家住 19 楼啊！我刚放手，他就冲出家门，等我乘电梯追到楼下时，已经不见他的踪影了。"妻子边说边啜泣。

"那孩子他爸当时在哪里呢？"

"他在外面上课，我打电话他也没接！一直到晚上 7 点，他才回我的电话匆匆赶回家。"

"那后来孩子是怎么被找到的呢？"

"算他比较冷静，根据儿子匆忙出门时只带了手机、公交卡和少量零钱，他判断儿子最有可能乘地铁去外婆家。所以，我们先到地铁站找监控视频。果然，从监控视频中看到他乘上了去我妈妈家方向的地铁。我们这才敢打电话告诉我妈妈大概情况。大家都给儿子打电话，他就是不接。直到晚上 10 点半，我妈妈才告诉我们，说孩子给他们打电话了，让他们去接他。"

"那后来呢？"

"后来我妈说孩子已经找到，让我们不要赶过去接人，就让孩子在他们那里住一宿。"

"那孩子是什么时候回家的呢？"

"我们星期六去接他的，他在电话里与我们谈好条件，如果他爸再打他的话，他就不回家。"

"他爸是不是一直都打孩子的呢？"

"是的，这个就是我和他最大的矛盾。我一直跟他说，孩子大了，真的不能再打了，他就是不听。"她表达了对丈夫的不满。

"孩子就是被你和你爸妈惯坏的，哪个孩子没挨过打？我这边打，你们那边惯，这孩子怎么会好得了呢？"丈夫情绪激动地说。

"孩子从出生到现在，你除了打他，哪里管过他？要不是我爸妈帮忙，我哪里忙得过来？"妻子的情绪也激动起来。

"我为什么不管他，不就是忙嘛！这十几年来天天补课，没有双休日，还不是为了生活得好一点吗？你以为我想不回家！"丈夫声音大了起来。

妻子不言语了，心理咨询室一下子静了下来。等他们的情绪渐渐稳定后，我轻轻地说："我来澄清一下，你们看对不对，你们在教育孩子的问题上想法似乎是不一致的。爸爸虽然有想法，但没有时间陪伴儿子。儿子的教育基本上都是由妈妈和外公、外婆负责的，是吗？"

两人均点头。

"现在，孩子出了一点状况，爸爸认为是妈妈没有教育好，而妈妈认为是爸爸没有履行教育的义务，是这样吗？"

"他就只会打他！"妻子补充。

"老师，我承认我没有好好陪过儿子。刚结婚的时候，我们没有自己的房子，就住在她妈妈家里。婚后，我除了上班，所有的业余时间都到校外的教育机构兼职，从来没有周末和寒暑假。我们说好的，她负责管孩子，我负责养家。"丈夫无奈地说。

"我能理解你们的辛苦和无奈，只不过，财富的积累通过时间是可以看得到的，而孩子的成长过程错过了也就错过了。"我看着两人说，"对孩子的教育，并不是给他吃饱、穿暖就是管他了；对家长来说，给孩子最好的教育莫过于陪伴。"

"这个我当然知道，我也是当老师的。但是这个家是需要经济支持的，孩子从出生开始喝的就是进口奶粉，上的是民办学校，还要买房购车。我这不是诉苦，我是说生活是很现实的。我是个男人，要有责任感，挑起养家的重担。但是，儿子从小娇生惯养，以后长大了他怎么做男人啊！"

"我很同意你说的男人要有责任感这个观点，那么你觉得，你儿子从哪里来学习做男人的责任感呢？"

"向我学呀，但是我觉得我儿子一点都不像我！"

"好，你希望你儿子像你，但是，你给了他向你学习的机会了吗？"

"你是说，我没有陪伴儿子，但是我要养家啊！"丈夫急着辩解。

"我没有说你养家是不对的，只是，当你们意识到孩子出现问题的时候，你们需要寻找解决问题的办法，争论和抱怨是不能解决问题的。当下需要平衡陪伴孩子成长与继续兼职赚钱的关系。"

"老师，我明白你的意思，但儿子长大了，他现在不想让我们陪伴了，你说我们再去陪伴他，还有意义吗？"

"其实，教育从来就没有太晚的时候，尤其对儿子来说，仅有母亲的陪伴是不够的。青春期的时候，他更需要父亲的行为做榜样，不仅学习如何承担家庭的责任，还要学习如何建立亲密关系。你要演示给他看，什么是快乐的人生。所以，父母同时也要构建自己的快乐人生，你们两人目前的沟通方式，对孩子的健康成长是有着很大负面影响的。"

"开始的时候，他去做兼职确实是因为家里经济负担比较重，我们需要还房贷。但现在，我一直跟他说，我们的经济不愁了，你一周至少可以抽一天时间来陪陪儿子。其实儿子的学习也是需要他辅导的，可是他现在好像兼职上课上瘾了。"妻子回应我的建议。

"我明白了，只会赚钱的爸爸不是好爸爸。"丈夫具有极强的领悟力。

"是的。爸爸的陪伴可以在与儿子一起运动，如打球、游泳、登山、旅行的过程中完成，父子可以像两个男人一样地沟通。爸爸要多关注孩子的梦想，这种亲密的父子关系比直接的教育要有效得多。"

[聆听手记]

做父母的，总是希望能给孩子创造最好的条件。为了能够做到最好，他们不遗余力地辛勤工作，却忽略了与孩子相处的时间。而孩子的成长是不可逆的，他们如果在最需要父母陪伴的时候，父母没有和他们建立起亲密的亲子关系，那么，当孩子因青春期叛逆来临而导致亲子冲突加剧的时候，父母往往会措手不及。

只有在建立了亲密亲子关系的基础上，教育才会变得容易。家庭教育的内容不同于学校教育，更多的是通过父母的榜样力量来影响孩子。因此，你希望孩子成为一个怎样的人，你自己就要先成为那样的人。

停止插手孩子的人生

　　一天放学后，一位中年教师走进了我的办公室，一脸焦虑和困惑："老师，我可以占用你一点时间说说我的事情吗？"

　　是一位没有预约就直接过来的老师，我稍稍整理了一下东西，将她引到我的心理咨询室坐下。

　　"我不是为自己来做咨询的，老师你能不能给我女儿做一次心理咨询呢？"

　　"你女儿多大了？"

　　"她大学毕业两年了。"

　　"那从理论上讲她应该不在我的咨询范围内。"

　　"可是，她是老师，我也是，应该可以找你做咨询的，对吗？"

　　我笑了："那么，说说为什么你觉得你女儿需要做心理咨询吧。"

　　"她简直疯了，放着好好的工作不干，要辞职去西部！"她边说边拍着自己的大腿。

　　又是一个想要改变儿女想法的家长，他们寻求心理咨询往往是想让心理咨询师充当说客，但是他们把心理咨询理解错了。

　　"那你女儿有想要做心理咨询的想法吗？"

　　"她说，需要心理咨询的不是她，是我。她说我焦虑、固执，可是我所有的问题还不都是她引起的吗？只要她没有问题了，我不都好了吗？"

　　"你的意思是说，只要你女儿能按你的心愿生活了，你的问题就都没了？"

　　"我这不都是为了她好吗？"

　　"那咱们先来说说你女儿到底怎么了，好吗？"

　　"我女儿大学毕业后在学校里做英语老师，工作两年了，现在说要辞职去西部。"

　　"她有说去西部干什么吗？"

"她说在学校里发挥不了她的能力，每天重复一样的生活，希望能在她年轻的时候，做自己喜欢的事情，做一点有用的事情。她说这边的学校缺她一个英语老师根本无所谓，但是西部地区却急需像她这样的老师。我跟她说：'如果想支教，我赞同，可是也不必一定要去西部，上海也有很多需要帮助的农民工的小孩啊，可以去帮助他们啊！'"

"她是突然做的决定吗？"

"这倒不是。其实，我为这件事已经害怕很久了。她念大二的时候，参加了学校组织的一个去中国西部乡村做公益扶贫的项目，回来以后，她就说等大学毕业了，就要去那儿。"

"后来为什么没有去成呢？"

"大学毕业以后，我就担心她会这样做，她喜欢做老师嘛，于是我就陪她去各个学校应聘。女儿很优秀，很快就有很多学校想要她，她的工作定下来以后，我想，这下危机应该过去了。没想到，从去年下半年开始，她又开始旧事重提，并和她原来参加项目的同学、老师取得了联系，他们说这是一个政府支持的项目。我可不管是什么项目，一想到她要离开我，到那个又穷又不安全的地方去生活和工作，我就不同意。没想到，昨天她学校的校长打电话给我，说我女儿向他递交了辞职申请书。我回家就质问女儿，可是这个犟姑娘就是不肯回头，还说是我需要做心理咨询呢！"

"这么听起来，需要咨询的人的确是你，而不是她。我听你的口音，好像是北方人？"我把话题从她女儿身上转开。

"是的，我是山东人。"

"那你是怎么到上海来的呢？"

"说来话长，2002年，上海在全国招聘教师，我们就过来了。"

"这样说起来，那个时候你们应该也是30多岁了。"

"是啊。那时我们已经工作了11年了，工作也挺好的，我们校长还正准备提拔我做校办主任呢！"

"那怎么会想到要来上海呢？"

"更多的还是为孩子考虑的吧。因为在那个小地方，工作是比较清闲的，其实现在想起来，那是一个非常宜居的地方，山清水秀的，地方不大，每天中午可以回家吃饭，还可以睡一个午觉再去上下午的班。工作压力也没有上海大，好孩子自己愿意学习，不用管；不爱学习的孩子吧，没人会逼他们。工资虽然不高，但我们的生活成本也不高啊，所以，幸福指数还是挺高的。但是孩子在那儿生活没有什么机会，将来几乎也就是我们生活的翻版了。所以当时，我们很多同事都在想办法往大城市走，在大部分人的心里，就是往青岛、烟台那些地方走，有的人还出了很多钱走关系。我们没有关系，也没有办法去那些地方。有一次，很偶然的机会，我和老公看到《中国教育报》上刊登了上海招聘教师的广告，要求有高级职称的、有经验的教师，我们一看，都符合条件。于是，我们也没有和家里人说，周末两个人就赶到了上海体育馆，那里真的是人山人海啊！我们觉得几乎不会有什么希望了，只是想着，既然来了，就先填了报名表吧。没想到，第二周我们就接到了电话，要我们来上海面试、上课。所以，我们两个请了假，就来上海的学校上课。上完课，校长就对我说：'我们要你的，就看你先生面试的情况了。'"

"那么，到上海以后，过的是不是你们想要的生活呢？"

"还真的不是。刚到上海的时候，我们租了一个30多平方米的毛坯房，一打开房门，女儿就哭了。她说：'妈妈我要回家。'原来虽说是住在乡下，但那时我们家有三间大房子，孩子从小就有自己独立的房间。"说起当年的窘况，她不禁笑了出来。

"你们当初做这个决定的时候，有没有和父母说呢？"

"没有，当初我们什么人都没有说，就说是到上海来玩的，直到要转人事关系的时候，我们才和校长、父母说了。"

"当年父母知道你们的决定以后，他们是什么态度呢？"

"他们哭了。他们说你们为什么要去那么远的地方，这一走，要再见面好难啊……"听得出来，她很愧疚。

"当初如果不来上海的话，你们现在的生活会怎样呢？"

"可能会很安逸吧。现在每次回老家，看到我们原来的同事和同学，他们会练练瑜伽，种种花，养养鱼什么的，生活比我们清闲多了。但我们一家人在当地几乎成了传奇人物，他们很敬佩我们，也会和他们的孩子说我们家的事。只有我们的父母是真心心疼我们，我们这样一折腾，比留在当地要辛苦多了。"

"那么，你们有为当初的选择后悔过吗？"

"没有。我们当初选择来上海最大的动力其实是孩子，如果不是来上海，我女儿不可能上复旦大学。我们老家的孩子中，最好的也就是在山东读大学了，大部分也就读个中专技校。不是说他们读得不够好，是因为上海的机会更多一点。但是，到了女儿这里，我们的想法就不是这样的了，毕竟我们这代人已经背井离乡了，我们希望我们三个不要再分开了。"

"可是，你女儿毕竟还是继承了你们两个不安分的基因，注定也要为她的梦想而去远方漂泊的，那么，当初要是你们的父母不同意你们来上海，你们会改变你们的决定吗？"

"不会，"她认真地想了一想，"可以这样说，来上海是我们这辈子做过的最激动人心的一次决定了，这个决定为我们平淡无奇的生活增添了无限的色彩。老师，你的意思是我应该支持我女儿的选择吗？可是她和我们最大的不同是，我们选择了从小地方走向大城市，是往机会多的地方走；现在她却要从大城市走向小地方，往不发达的地方走，这个选择是对的吗？"

"其实，选择无所谓是对还是错，时代不一样了，你女儿去西部也会获得意想不到的成长与发展的机遇。我想，你女儿的选择和你们当初的选择有一个地方是一样的，那就是你们都选择了梦想。追寻梦想的过程，是艰辛而浪漫的。年轻人最宝贵的精神，就是具有为了实现自己的梦想而努力的激情与动力。假如你们想对女儿表达自己的理解与尊重、关爱与支持，那就让她展翅飞翔一回吧！"

[聆听手记]

什么样的工作是好的工作？其实，每个年龄段的人对好工作的定义是不一样的：年轻的时候，未来越是不可知，就越具有挑战性；有了家庭和孩子以后，职业的选择更多地会向家庭和孩子倾斜，希望从事的职业能顾及家庭，最好还能兼顾孩子的发展；人到中年，随着精力和体能的下降，越来越希望从事的工作能轻松一点，稳定一点，安逸一点。而往往我们会把自己的职业理想寄托在孩子身上，因此，孩子在入职之初，追求挑战的这个阶段，正好遭遇到父母希望轻松、安逸、稳定的职业发展阶段，于是，这份冲突有的时候就会显得尤为剧烈。那么，做父母的就应找回我们的初心，对孩子追逐梦想的行动，我们能做的，就是帮助他们在理性分析各种利弊的基础上，尊重他们自己的选择，并给予他们最大的支持和祝福。

"雪儿"走了，这房间那么空

这天晚上，在学校退休教师聚会的餐厅里，平时喜欢喝酒的许老师拒绝了同事们的敬酒，显得心事重重，大家也不便询问原因。没过多久，他不好意思地对大家说："各位，今天家里有事，我提前告辞了，希望大家玩得开心！"说完就匆匆离席。

我觉得许老师的表现有点反常，紧随其后想问个究竟。许老师见我送他出门，在一个僻静处停下脚步对我说："你知道吗？我家的'雪儿'死了。"看着他心情沉重的样子，我安慰他说："我能看得出来，雪儿的死让你很难过，是吗？"

"是的。雪儿与我共同生活了 15 年，我像对待家庭成员一样地呵护它，它也像孩子一样地陪伴我。一个有感情的生命离开让我很伤心。"他语气低沉地说。

"许老师，今天你早点回家休息，过几天找个时间我们再好好聊聊。"我一边安慰他一边发出心理咨询的邀请。

"雪儿"其实是许老师养了 15 年的猫。一般人可能难以想象，家中一只老猫死去，会让一个大男人如此悲伤。他伤心的情绪引起我思考：老猫对他来说，象征着什么？它的死又意味着什么？

三天后的下午，许老师主动来心理咨询中心找我，我招呼他到小院中的鱼池边落座，我们在充满阳光、布满绿色的庭院里边喝茶边交谈。我想创设一个自然轻松、充满生机的咨询环境。

"上次我跟你说，雪儿死了，我真的很悲伤。"许老师开门见山地说。

"嗯，现在情绪好一点了吗？"我问。

"我找了一家宠物墓地给雪儿安葬了。它有个归宿，我心里也就好受一些。"他很认真地叙述着，似乎在表达对一个家人的感情。

"你把雪儿安葬在了宠物墓地，可以具体说说吗？"我好奇地问。

"宠物墓地就是安葬各种各样宠物的地方，安葬较多的是宠物狗、宠物猫，除此之外还有鸟、乌龟、金鱼等陪伴主人多年的宠物。墓园有花葬、树葬等多种葬法，我选择的是环保的树葬。墓园有全套的标准入葬仪式，有专人给宠物主持葬礼，全程有摄像。安葬那天，工作人员交给我一封信。我打开一看，是以雪儿的名义写给我的。"说完，他把信递给我看。

> 亲爱的爷爷：
>
> 　　感谢您对我的关心和照顾！15 年来您一直精心地呵护我、宠爱我。跟您在一起，是我一生中最快乐的时光！现在我离开您，去了另一个世界，请您不要担心。这里不再有病痛和衰老，有的是草地和小山，充足的食物、水和阳光，我过得很快乐。请您一定要照顾好自己，不要太挂念我。我会在天堂为您祈祷，祝福善良的您！
>
> 　　　　　　　　　　　　　　　　　　　　　　　　　　雪儿

"我用相机给埋葬雪儿骨灰的那棵树拍了照，这张照片现在成了我电脑的屏保。"许老师详细地向我介绍。

"你以前常拿雪儿的照片与我们分享，我们都以为你只是一个特别喜欢猫的人；现在我明白了，你对猫不仅仅是喜欢，是不是还寄托着什么感情？"我有所感悟地问。

许老师富有感情地说："你说得对。雪儿是我的情感寄托。15 年前，我女儿意外去世，中年丧女的悲伤让我无法面对。朋友为了安慰我，给我送来了一只很漂亮又很通人性的小白猫。说实在的，我一见到这只小白猫就特别喜欢。这是一只纯种的波斯猫，有一张讨人喜爱的脸，头圆大、脸扁平，圆眼塌鼻，躯体因毛长而感觉浑圆，四肢粗短、柔软，尾蓬松、粗大，给人一种雍容华贵的感觉。这只波斯猫温文尔雅，反应灵敏，善解人意，少动好静，叫声尖细、柔美，爱撒娇。渐渐地我像对待女儿一样地抚养它。"

"你给小猫取名叫'雪儿'？"我问。

"是的。它一身雪白的长毛漂亮极了。我隔天就给它洗澡，定期给它修毛。如果发现它食欲不佳、精神萎靡就立刻带它去宠物医院看病。我太太去世后，雪儿每天晚上就睡在我的脚边。"

"怪不得它死了你这么伤心，原来它是你的忠实伙伴啊！"我更深地了解了许老师失去雪儿的心情。

"我 15 年前失去女儿，3 年前失去太太，现在又失去了雪儿。雪儿的离世，对我来说意味着孤独。为了让雪儿可以更长寿一些，我给它做了绝育手术，所以雪儿没有生过小猫，没有后代。现在它死了，真是好可怜。想想孤家寡人的我也没有后代，同病相怜啊！"许老师的眼角噙着泪花。

"你说与雪儿共度了 15 年，猫应该也有平均寿命的吧？"我请教地问。

"波斯猫的平均寿命是 15 年。因猫的体质和主人的喂养方法不同，寿命一般是 13—17 年。猫在 10 岁之后，就进入老年期。老年猫咪由于体质下降，容易受到疾病的困扰和伤害。伴随老年猫咪的疾病主要有：慢性肾衰竭、牙结石和齿龈疾病、肥胖、便秘、甲状腺功能亢进，等等。我家雪儿患的就是肾衰竭，从少食、倦怠到消瘦、不吃、呕吐，最后抽搐、死亡。虽然我平时像照顾老人一样精心照顾它，但最终它还是离开了我。所以，我心里特别难过。"许老师说着说着又动起了感情。

"既然猫有自己的生长规律，它从萌萌的小猫成长为活泼可爱的大猫，又从富有人性的大猫成长为老态龙钟的老猫，出生与死亡是每个生命体必然经历的过程，我们应该科学地理解，淡然地接受才对。许老师，我想问一个问题，你女儿喜欢宠物猫吗？"我提出一个新问题。

许老师回答说："不瞒你说，我女儿在世时，就非常喜欢白色的猫。"

"在对待雪儿的态度上，你存在'移情效应'。心理学上把对特定对象的情感迁移到与该对象相关的人或事物上来的现象称为'移情效应'。养了 15 年的猫死了，确实会让人非常不舍而难过，但假如长时间不能从这样低落的情绪中走出来，为此整日受悲伤、消极、沮丧、孤独等情绪干扰，影响生活和工作，那一定会出现心理障碍与疾病的。"我分析着说。

"我知道这个道理，所以想听听你的建议。"许老师明确地说。

"假如你愿意听听我的看法，我想说三点。第一，你有主动求助的意识与行动，非常好，这是你能尽快调整心情、摆脱困境的基础与保证；第二，你慎重地安葬了雪儿，在形式上做了分离，在情感上做了告别，说明你已经在客观上接受了它的离去，接下来需要努力的是，在主观上淡然接受生老病死的生命规律，接受你女儿和太太的去世，让自己生活得更健康、快乐；第三，希望你能够接受心理咨询师的建议，用新的寄托来转移消极情绪，寻找生活价值，激发生命意义，比如，用你擅长的摄影技术发现生活的美好；或者重新领养宠物，找到现实的乐趣。"

"好吧，我慢慢调整吧，谢谢你的指点。"许老师充满信心地回应我。

望着许老师远去的背影，我心里放不下的是，对失去了亲人的老人来说，谁来照料他的日常生活，谁又能从精神上陪伴他呢？

[聆听手记]

老年人尤其是空巢老人，经常会出现孤独、寂寞的心理状况。但在看待孤独与寂寞的问题时，每个人的认识不同、态度不同，可能有不同的感受。有的人在孤寂的环境中感到空虚，有的人则把孤寂变为提高自己的契机。他们设计自己的生活——看书、听音乐、玩摄影、绘画、学书法、旅游、健身等，在自控的环境中学习、构思、创作，从而提高生活品质，获得生活乐趣。

心理学家认为，老年人真正的快乐是在从事有意义的活动中产生的；是在获得成绩得到自我满足时产生的；也是在得到他人的承认、接受、肯定时产生的。所以，老年人一定要在社会活动中有所作为，做一些自己觉得有趣、有意义的事才能获得真正的快乐。

俗话说"远亲不如近邻"。彼此互谅、互爱、互助的邻居关系，可以帮助老人消除孤独，感受友情。

关注老人的心理需求，解决老人的生活困难，是家庭、社区和社会共同的义务与责任。

世界上我最疼的那个人去了

这天，我正在办公，听到一阵急促的敲门声。我刚抬头，王老师已经站在我面前了。看着她苍白的脸色、严肃的表情，我预感一定是发生了重大的事件，因为她是出了名的"铁石心肠"，遇事冷静、坚强，一般人特别是女人难以下决心做的事，她都可以轻松、淡定地完成。

"王老师，有事找我？"我边问边请她坐下。

"嗯。我实在不明白，女儿最后的请求怎么会是拥抱？"她轻轻地说。

"你说你女儿最后的请求？她怎么啦？"我有一种不祥的预感。

"她去了天堂。"王老师平静而又沉重地说。

这个消息对我来说真是太意外了。王老师的女儿非常优秀，怎么会一下子离开人世了呢？

"你看，这是她给我发来的最后一封信。"她平静的话语中带着悲伤。

我接过信，这是一份电子邮件的打印稿，上面写着："妈妈，我病了，希望你快点来看我，也许这是最后一眼，我恳求你能给我一个妈妈的拥抱。"

我有点吃惊，也感到紧张，问："她得了什么严重的病？"

王老师摇摇头，沉默一会儿后说："她出国这么多年，我们很少联系。女儿很独立，很优秀，我一直引以为荣。她从来不会向我撒娇，也从来不向我求助，这次她真是遇到无法逾越的障碍了。"在交谈中我得知，王老师的女儿在温哥华遭遇车祸，在生命垂危的时刻，发出了最后的请求。

"尽管我以最快的速度办好一切手续赶往温哥华，但我到医院时，女儿已经永远地闭上了眼睛，去了天堂。连她最后的请求也没有实现，她再也看不到我，也永远无法得到我的拥抱和亲吻了，我心痛啊！"王老师终于失声痛哭起来。我默默地递给她纸巾。

哭过之后，王老师十分感慨地对我说："我女儿毕业于国内名校，去美国读研，后又到加拿大定居。两年前与老外结婚，去年还生了一个漂亮的混血女儿。在别人眼中她一切都是那么完美和成功，但现在我忽然发现，我这么多年的努力与期盼，似乎是一种错误。我们缺少母女亲情，不知是女儿冷漠还是我麻木，总之，我们之间感受不到温暖的、浓浓的亲情。"

"你想过没有，为什么她在弥留之际，唯一的渴望是得到你的拥抱？"我知道，提出这样的问题，会触碰王老师内心最伤痛的部位，但我真想让她好好思考：一个优秀、独立、坚强、令人骄傲的女儿，她内心的压抑与渴望是什么？索求拥抱背后的情感需求又是什么？

"在女儿28年的人生历程中，我几乎没有抱过她。她小的时候，因为我工作忙，就把她寄养在保姆家，后来是幼儿园全托；她读小学的6年时间虽然是在我身边度过的，但为了培养她的独立能力，我让她自己睡觉自己起床，她从来没有在我床上打过滚，撒过娇；进入初中以后，她一直是住校生活；大学以后就是海外独立生存。"王老师很清晰地叙说她女儿的成长经历。

"培养女儿的独立能力是非常有必要的，但培养独立不意味着隔离亲情。对母亲的依恋，是每个人最本能的需求。通过拥抱可以传递妈妈温暖的抚慰，让孩子产生安全感。在女儿成长的过程中，你赋予了她更多独立和坚强的品质，也剥夺了她拥有依赖和温情的体验。"我说。

"你说得对，女儿从来不向我提要求，并不是她没有需求，而是她不敢提，因为她知道我不会满足她或迁就她，所以，女儿内心是很压抑的，对我是敢怒不敢言。她长大后，远走高飞离开我，对她来说是解脱后的自由，也是独立下的成功。别人都说'女儿是妈妈贴心的小棉袄'，但我觉得我们之间的感情是淡淡的、远远的。"

王老师详细地说明了她对女儿的要求是如何严格的，某些要求甚至可以说是苛刻的。为了从小培养女儿的自主能力，她不给女儿半点依赖的余地。幼儿园时，女儿不小心摔倒了，她总是对女儿说："自己爬起来。"女儿上小学一年级时就自己背着书包坐公交车上学了。她从不检查女儿的作业，给女儿灌输的思想是"自己的事情自己做，自己的责任自己担"。一次，女儿上学忘戴红领巾，想让她帮忙送去，但她不同意，让女儿自己承担后果，结果女儿被老师赶出教室，罚站了一节课。在她严厉的教育下，女儿非常独立，也成了同事的孩子们的榜样。

在考大学的时候，女儿强烈要求选择外地的大学，大学毕业后又自作主张地选择去美国读研，然后又毫不犹豫地找了老外结婚，果断决定选择在加拿大定居。女儿在人生的重要关头，能够毫不犹豫地做决定，与母亲的培养密不可分。这样的独立性是好还是坏我们难以简单地做出评价，但是可以确认的是，母女俩没有信任感、亲密感。

"老师，不瞒你说，女儿出国后，我们很少联系。有时我调侃自己，为世界贡献了一个优秀的女儿。这么多年，女儿只给我发过四封重要的信。第一封：'妈妈，我大学毕业了，欢迎你来参加我的毕业典礼'；第二封：'妈妈，我要结婚了，欢迎你来参加我的婚礼'；第三封：'妈妈，我做妈妈了，欢迎你来看望你的外孙女'；第四封：'妈妈，我病了，希望你快点来看我，也许这是最后一眼……'"

说到这里，王老师又忍不住痛哭起来。以前，收到女儿的来信，她总会收获一种满足感，因为完成学业、成家立业、结婚生子都是女儿成功的标记，但最后一封信表达的，才是女儿内心深处最真实的期盼，发出的是心灵深处最本能的呼唤——对妈妈关爱的渴望。

在与王老师的交谈中，我问到另一个问题："你女儿的成长过程好像是你一手培养的，她爸爸对她的影响有多少？"

"孩子没有爸爸。"王老师肯定地回答。

"你愿意详细说说吗？"我小心翼翼地问。因为涉及家庭隐私，我必须在尊重来访者的原则下，征得来访者的自愿表达。

"孩子没有见过父亲，我一个人把她生下来养大。我希望她能像我一样坚强地生存，所以，我就是这样'铁石心肠'地抚养她。"王老师很坚定地表达。

"那你知道女儿找了一个怎样的老外做丈夫吗？"我问。

"我不知道她为什么要找一个加拿大的老头子结婚，她丈夫的年龄都可以做她父亲了。"王老师既抱怨又十分无奈地说。

"在家庭教育中，父母扮演着不同的角色。父亲对孩子的成长起着至关重要的作用，不仅仅体现在对孩子的抚养上，更体现在对孩子性格和心理品质的培养上。父亲身上具备的勇敢、坚强等优秀品质都是孩子要学习的。

缺少父亲的教育会对孩子的心理健康产生不利的影响。随着年龄增长，男孩容易变得女性化，女孩容易依恋年长男性。现在你大概明白女儿愿意嫁给老头子的原因了吧？她渴望在自己的婚姻关系中获得父爱的补偿。"

"我现在明白了，在女儿的成长过程中，她不仅没有父爱，也缺失母爱。我平时对女儿的关注只是成绩是否优秀，个性是否独立，遇事是否坚强，根本没有问过女儿的感受是否快乐、是否温暖、是否安全。令我感到终身遗憾的是，我再也无法听到她内心更多的诉求，再也无法为她弥补缺失的母爱。我优秀的女儿，她是带着遗憾离开人间的；我坚强的女儿，她是在软弱的乞求中走向天堂的。我现在只能默默地祝福女儿，愿她在天堂一切都好。"

［聆听手记］

这个案例从表面看来是一个危机干预案例，心理咨询师帮助王老师从痛失女儿的悲情中走出来。但其实是通过对王老师的女儿的最终请求——希望得到妈妈拥抱的反思，探讨家庭教育与亲子关系的话题。家长如何对待孩子才是真正的爱？孩子除了性格独立、成绩优秀之外还有怎样的品质与情感才是重要和宝贵的？家长对孩子只有严厉管教而没有热情鼓励，表面看来是"严师出高徒"，但实际上，孩子的心理常常是委屈、压抑的，最后往往会丢掉了大度、善良和包容的品质。

每到毕业季，同事中少不了这样的交谈话题："你家孩子大学毕业了？""你家孩子研究生毕业了？""你家孩子博士毕业了？"教师总是带着骄傲的神情向别人汇报自己孩子在学业上的成功，因为在教师行业中，让孩子读大学是自然的期待，考研读博是公认的成功。教师教子有方的成就也似乎只有通过孩子学历的高低才能见证。其实，以学业论"英雄"存在很大的误区。本案例告诉我们，在教育子女的问题上，父母若以失落亲情为代价换来儿女的优秀与成功，只能算是教育的悲哀。

第四辑　拥抱不完美的自己

"必五男神"称号的由来

在某次市级心理培训课上，我遇到了一位主动求助的中年男老师。他说："我有个毛病，对数字5特别喜欢，也可以说是特别敏感，什么都必须是5。比如，给学生布置作业总是5项，上课提问学生总是5名，进课堂带粉笔必是5支，抽查作业也一定是5份。因为任何事情都非'五'不可，学生给我取了个'必五男神'的绰号。老师，你说我是强迫症吗？"

为了系统地了解和有效地帮助他，我们约定一周后在心理咨询中心见面。

"老师你好。"在约定的地点，他准时到达。

"你好，很准时哦，怎么称呼你？"我轻松地问。

"我姓曹，是小学数学老师。"他也轻松地回答。

"曹老师上次你说自己对数字5特别敏感，可以说说你对数字5的运用范围和频率吗？

"比如5件衣服、5双鞋、5个朋友、5条短信……"

"在生活中还可以举出很多例子，如五大连池、五湖四海、五花八门、五味俱全等。但假如用其他数字同样也可以说出很多。比如含有'三'字的成语也有很多，三心二意、三更半夜、丢三落四等，所以，凡事必'五'，确实有点强迫性喽。"我边分析边指出问题。

"那怎么办呢？"曹老师面露难色地问。

"这让你感到痛苦吗？"

"痛苦也谈不上，但它强力地控制了我的思维，让我的思考与判断变得狭隘化和绝对化，这令我感到很郁闷。学生嘲笑我是'必五男神'时，我很难受，真想改变但又无法控制。"他无奈地说。

"你是从什么时候开始对数字5出现敏感和执着的？"我问。

"小时候，妈妈带我去算命，算命先生说我五行缺木，所以，妈妈给我改名字叫林森，名字中就有了5个'木'字。初中时，与同学一起做过一个测试，说我的幸运数字是 5。当天在回家的路上，眼前真的看见了 5 朵祥云，从那以后我特别喜欢数字 5，什么事都与 5 有关。现在习惯了买 5 棵菜、5 条鱼、5 朵花、5 斤水果，还真是非'五'莫属。"他不好意思地笑着说。

"你尝试过不用 5 的感觉吗?"我问。

他认真思考后回答："其实，平时看到不是 5 的情况还是很多的，比如，床上有 1 条被子、2 个枕头；身上穿了 3 件衣服；饭桌前有 4 把椅子；阳台上晾着 6 件衣服……若不刻意去想，自己并不难受。"

"因为你深信 5 是自己的幸运数字，所以，常常会凑出 5 来排斥其他数字，以此来安慰自己。这说明 5 是你强化出来的概念，凡事必'五'并非固有的规律。"

"对了，在学校组织教师参加的思维导图训练课上，主讲老师比较强调从三个方面思考问题，分析三个原因，提出三个建议，采取三种方法，考虑三条途径，取得三份成果。当时我内心比较抗拒，总觉得应该是'五'更好，但现在想想，'三'比'五'更凝练、更清晰、更简洁，易记忆、易操作、易检查。"他开始打开非"五"莫属的禁锢。

我跟他一起做了第一个练习。第一步：假如周日要完成五项任务，它们分别是什么，请写下来。

第二步：思考一下，五项任务中哪些是重要且紧急的任务，哪些是重要但不紧急的任务，哪些是不重要但紧急的任务，哪些是既不重要也不紧急的任务。

第三步：假如因时间关系只能完成三项，你会把哪两项划去，说说理由。

然后我们又做了第二个练习。问题是：有一名班主任，他想提高学生的外语成绩，于是要求学生的问题不过夜，做到"三清"。"一清"：作业中的错题当日订正；"二清"：课文当日熟练背出；"三清"：课文单词当日默写正确。你是否还可以提出其他建议来帮助这位班主任?

曹老师毫不犹豫地说："有啊。我至少可以提出四点建议：一是加强晨读训练，要求同学们大声朗读课文，强化记忆；二是请课代表为外语学习有困难的同学做解答；三是让小组长督促小组成员及时完成作业；四是请外语老师针对学生的实际能力，及时调整教学进度和难度，保证各层次学生均有收获。"

通过做以上两个小练习，曹老师明白了数字是根据实际需要而进行的合理性选择，没有必要非"五"不可。我希望他能够跳出数字5的壁垒。

针对曹老师提出他对患强迫症的担心，我也给他做了解释。

先了解强迫症的概念。强迫症属于焦虑障碍的一种类型，是一种以强迫思维和强迫行为为主要临床表现的神经精神疾病。其特点为有意识的强迫和反强迫并存，一些毫无意义甚至违背自己意愿的想法或冲动反反复复地侵入患者的日常生活。患者虽然能体验到这些想法或冲动源于自身，极力抵抗，但始终无法控制，二者强烈的冲突使患者感到巨大的焦虑和痛苦，影响学习工作、人际交往甚至生活起居。

如有担心，可以通过做《强迫症自测表》来检测自己是否有强迫症的相关症状，但测试结果仅供参考，具体情况要去医院找医生做准确诊断。

强迫症自测表

思考并对照一下，自己是否存在以下症状。

1. 头脑中有不必要的想法或字句盘旋。
2. 忘性大。
3. 担心自己的衣饰不整齐、仪态不端正。
4. 感到难以完成任务。
5. 做事必须做得很慢以保证做得正确。
6. 做事必须反复检查。
7. 难以做出决定。
8. 反复想一些无意义的事。
9. 注意力不能集中。
10. 必须反复洗手，点数。
11. 反复做毫无意义的同一个动作。
12. 常怀疑被污染。
13. 总担心亲人，做无意义的联想。
14. 出现不可控制的对立思维、观念。

15. 习惯反复说同一句话或同一个名字，或者在同一地点以同一方式反复散步。

16. 戴耳机的时候必须看清了左右才戴。

17. 定闹钟 5 分钟一次，但还是不肯起。

18. 怀疑门没锁。

19. 看到别人没把黑板擦干净就觉得别扭。

20. 考试成绩出来后不敢查。

21. 做某事的时候要把这个事做到对等。例如，摆放柜台的东西非要把它摆得很整齐，很对称。

22. 若有一件事情做得不好或是不应该这么做，一段时间或很久之后心里都会反复去想当时如果没有那么做，就不会是这样的结果了。

23. 咀嚼东西的时候会"左右照顾"，例如吃一块饼干时，要让左边的大牙咬一半，右边的大牙咬一半。

这个表中提到的症状如果出现了四种及以上，就可能患上了强迫症，需要到医院检查，以免耽误病情，延误最佳的治疗时机。

[聆听手记]

在了解了强迫症的概念与症状后，可以明确地说，曹老师目前不属于强迫症患者，或者说他还没有达到患上强迫症的程度。他对数字 5 的纠结，一方面来自他对幸运数字的敏感与暗示，另一方面也来自他性格中执着、狭隘的心理特质。在咨询过程中，心理咨询师主要通过请他完成设计的两个小练习，帮助他学会换个角度看问题，从凡事必"五"的狭隘认知中突破出来，学会根据实际需要设定数字，做到灵活而不固执，合理而不局限。

对强迫症的诊断，不仅要看当事人是否反复做同一个动作，是否重复说同一句话，是否有毫无意义地联想与担心，还要看他是否有无法控制的反复与重复的行为，是否出现他深感没有必要并出现自我否定的焦虑与痛苦，即存在强迫与反强迫共存的现象。假如有人真的患上了强迫症，还是建议去正规医院接受治疗。

世界那么大，何不去看看

一天，我接到老同事的电话："请你帮个忙，能否与我女儿伊敏聊聊？她大学毕业四年了，现在在一所小学教英语。"

"你想让我跟她聊什么呢？"

"她好好的工作不想做了，想辞职去美国读书，我说服不了她，想请你给她开导开导。"

"如果是做心理咨询，那要看伊敏是否有这个需求；如果是你逼她来，那一定是无效的。"

"是她自己提出来要找你谈谈的。"

"既然是她自己有需求，那我们就约在周六下午吧。"

伊敏如约而至。这是一个"90 后"的小女生，身材高挑，面容清秀，很有礼貌地与我打招呼。

"你想找我聊聊，对吗？"我想印证伊敏的自我需求。

"是的。我觉得我有心理问题，我妈推荐我找您。"她答得很直接。

"那你说说问题是什么？"

"我觉得，从小到大，我都不知道自己想要的是什么。"她直接把问题抛了出来，看来她已被这个问题困扰许久了。

"你是从什么时候开始思考这个问题的呢？"她要讨论的问题太大了，我必须让她把问题具体化。

"大概是一年前吧，那时网上不是出了一个流行语吗，'世界那么大，我想去看看'，我觉得这句话一下就击中了我的心坎。我对老妈说：'妈，要不我也辞职，去世界各地看看。'我妈以为我开玩笑呢！她说：'你不是每个寒、暑假都在外面跑吗？工作这几年，欧洲、美洲和大洋洲都让你跑遍了，幸亏你做了老师，不然哪来这么多假期啊！'她说这话还不是在夸她自己啊！我读师范专业是她提议的，当小学老师也是她帮忙联系的。说白了，我的人生就是她安排的，现在还缺了一点，就是我还没有谈恋爱。"说到母亲，伊敏的语速快了起来，半是无奈，半是调侃。

"你如果辞职，最想做的事情是什么？仅仅是去看看世界吗？"

"对，老师，这就是特别困扰我的地方。其实，我并不缺旅游，只是每到放假，不是相亲就是谈论跟相亲有关的话题，我觉得好压抑，难道我的人生就没有其他内容了吗？"

"你不满意现状，但又不知道自己真正喜欢的生活是怎样的？"我澄清她的问题。

"对，太对了。老师，其实从小到大，我都没有为自己的人生做过主。妈妈对我要求很严格，我也努力想成为她希望的那种孩子，但是我让她失望了。因为我不聪明，尽管很努力地学习，但成绩总是平平。高考的时候，家人都希望我填报师范专业，他们认为，我这样的个性挺适合做老师的。我们家是教师之家，爸妈都是老师，我能了解和接触的职业，也就是老师了。"

"做了老师以后，你开心吗？"我追问。

"开始的时候，我还是挺开心的。说实话，我还是比较喜欢小孩子的，在我的班级里，我希望我的学生能快乐，他们不一定非得成功，但一定要快乐。"

"像你这样的老师，一定深受学生们的喜欢，但不一定受校长和父母的欢迎。"

"对的，一点没错，"她像找到了知音一般，"我们班的学生确实很快乐、阳光，他们很喜欢我，喊我'伊敏姐姐'。但是，家长不喜欢我，他们觉得把孩子放在我的班里，会让他们输在起跑线上。你说现在的家长是不是很矛盾啊，在讲教育理念的时候，他们也是口口声声地说，孩子的快乐、健康比成功更重要，但是，真要快考试的时候，他们又会在每个周末逼孩子去各个教育机构补课。"

"那你觉得，是不是快乐和成功是两个对立的概念呢？"

"快乐和成功能兼得自然最好，但若是成功以失去快乐为代价的话，我想选择快乐。"她顿了一顿，"我觉得自己的人生好像一直在奔跑，上小学、读中学、考大学、找工作，接下来就是谈恋爱、结婚、生子，我一直按着爸妈规定好的路线在奔跑，一点也不敢开小差。但是，这是我爸妈要的人生，却不是我要的人生！我感觉很恐惧，我似乎已经看到了自己未来的人生是怎样的了，那我的人生还有什么意义呢？所以，每次他们让我去相亲，我都毫无耐心。他们问我到底想找怎样的男人，我都不知道自己想要的是什么，又怎么能回答他们呢？"

"这就是你想辞职的理由，你想自己设计未来的人生，对吗？"

"是的。我想去美国读心理学，做宾夕法尼亚大学马丁·塞利格曼的学生，"伊敏态度坚定地说出了自己的愿望，"我知道，这很奢侈。工作这四年我攒的钱都花在旅游上了，但我真的想任性一回。"

"那你爸妈是怎样看待你的想法的呢？"

"他们觉得我疯了。他们说，如果是四年前，我提出这个想法他们还能理解，而我现在这个年龄再出国读书，就会耽误我的人生大事了。但是，他们以为，我结了婚有了孩子，人生就算稳定了吗？"她叹了一口气，悠悠地说。

"你想去宾夕法尼亚大学做马丁·塞利格曼的学生，一定是受了他积极心理学的影响了，那你知道积极心理学关于快乐的定义吗？"

"嗯。我记得他说的快乐好像有三个要素，一是乐趣，这是最低层次的，也是最短暂的；二是参与，是对工作、家庭等的投入程度；三是意义，也就是能够发挥个人的长处。我觉得，以前通过旅游来看世界，只是在乐趣层面上的快乐，因此，旅游回来以后，我的快乐也不能持续了；现在，我想通过读书的方式，能更好地去看世界，感受世界，这对我将来的人生和工作也是有利的。"

"听上去，你对出国读书这件事是认真想过的。"

"是的。不瞒您说，其实我已经考好了托福，也开始申请学校了，只是还没有和爸妈说。我一直在犹豫怎样向他们申请留学赞助，其实这笔费用我未必能赚得回来。他们一直在讨论给我准备什么嫁妆，我就想他们把这笔钱作为我的嫁妆。"

"今天你和我说的所有话，你和你爸妈说过吗？"

伊敏摇了摇了头："我妈根本就不会听我说，她会为我做所有她认为对的事情，但她从来就没有想过我希望做什么，对我爸也如此，她习惯了做我们家的主宰者。"

"你没有试过，怎么知道你妈不会听？你妈多年来形成的做事模式，一半是因为她的风格，另一半可能与你和你爸从来就没有表达过自己的意愿有关。既然你们没有表达过自己的意愿，那自然你妈就帮你们做主啦。"

"您的意思是，我妈是可以沟通的。"

"自然，那是必须的。因为你需要你妈妈的赞助嘛！如果你连你妈都说服不了，怎么证明你想主宰自己人生呢？在未来的人生道路上，一定还有更多需要你清晰表达自己意愿的时候呢！"

"嗯，我明白了，"她点了点头，"我会好好和我妈沟通的，希望她能支持我的想法。"

伊敏走后，我给伊敏的妈妈打了一个电话。我告诉她，伊敏已经长大了，孩子不仅是父母生命的延续，还是一个独立的个体，应该有自己的生活意愿和任务。我希望她能好好听伊敏说说自己的愿望，然后，给伊敏一个自己做决定的机会，这样，伊敏才能为自己的决定负责。

暑假结束以后，我接到了伊敏的电话。她说她已经办妥了辞职手续，正在准备留学美国的申请，她妈赞助了她留学期间的全部费用，她想用两年的时间，好好看看这个世界，并思考什么才是自己想要的人生。

[聆听手记]

什么是生涯辅导？有的时候我们会简单地把生涯辅导等同于就业指导，但只有就业指导的生涯辅导是不完整的，还需要帮助辅导对象对自我进行探索，帮助他们了解自己的内心渴求，认识更多的职业状态，然后，再让他们自己与合适的职业进行匹配，但是这些对伊敏来说，都是空白的。

一个人若是看不到未来，就掌握不了现在；同样，一个人若是掌握不了现在，就看不到未来。如果把一个人的职业生涯比作一次旅行，那么出发之前最好先设定旅游线路，这样既不会错过梦想已久的地方，也不会千辛万苦却去了自己并不喜欢的景点。

再忙再累，也要给自己喘息的机会

那天，我受某学校之邀，为老师们做了一次以"教师的压力与应对策略"为主题的心理讲座。讲座刚结束，一位中年女老师就来到我面前说："老师，我今天听得特别认真，是否可以约你做一次心理辅导？"直接提出这样要求的老师并不多，大多数老师会借着聊天的机会来约访谈。于是，我约她周六下午在心理咨询中心做面询。

周六下午，她如约而来。看得出来，她虽化了一点淡妆，但还是难掩面容中的疲惫和忧郁。

"我叫何雯，今年 46 岁了。老师，我感觉自己快要崩溃了。"何老师几乎没有寒暄就直接抛出了困惑，看得出来，她被自己的问题困扰已久。

"怎么回事呢，可以具体说来听听吗？"

"我的压力真的是山大啊！"她深深地叹了口气，"每天早晨醒来，我总会恍惚，今天是星期几了？然后，意识慢慢清醒，一想到今天有好多事要做，我就会惊出一身冷汗。其实，我也不清楚这是不是冷汗。是不是我的更年期到了？我听人说，更年期的人早晨起来就会出一身汗，然后，虽然醒来了，但疲倦得不行，不想起床，但难以再入眠，不像以前醒来时间若还早的话，还能再睡个回笼觉。"

何雯描述的是她的状态，究竟有哪些事情在困扰她呢？

"你说每天早晨醒来都会想到今天有很多事情要做，可以说说有哪些具体的事吗？"

"老师你不要笑话我，其实都是一些鸡毛蒜皮的小事儿，"她有点不好意思地笑了笑，"课题马上就要开题了，专家提的那些建议还没有落实，还有好多文献资料没有看；自己带的班级，学生的成绩总不能比年轻人带得差吧，上周的作文还没有改完，这周的作文又要交上来了；带的几个徒弟写的教案要看，还要听他们的课，在他们面前，我还要保持优雅、沉稳的工作作风，可是天知道，我的心已经火急火燎到什么程度了。"

"你说的主要是工作方面的烦恼，你在学校负责什么工作呢?"

"我是语文老师兼班主任，因为喜欢做一些研究，做的一些小课题也得过奖，今年校长让我做校级课题的主要负责人，学校申请的龙头课题这次被立为区级重点课题，这本该是一件好事，但没想到困难那么多。上次在立项会议上，虽然专家们的意见总体上是肯定的，但他们提出的那些建议，我根本做不到。而且我发现，这似乎已经不仅仅是做一个研究了，而是一项统筹学校的工作啦。我是一个工作努力、认真的人，我一直认为，态度比能力更重要，但是到了这个环节，我感觉能力更重要，我是不是不该接这个课题? 我是不是有点自不量力?"

"这么听起来，困扰你的似乎不是工作的量，而是工作的难度?"

"我也不是很清楚! 真心感觉工作 20 多年了，一路走来，从来没有像现在这么累过。我从学科老师、班主任开始做起，现在是学科带头人，也是优秀班主任，带着区里的一个班主任工作室。我要带教学科教师，还要带教青年班主任。每一件事情我都做得很认真，因为我不能辜负领导对我的信任，也不能对不起那些年轻人。这些事情虽然很累，但好像还能 hold 住。然而，自从今年接管了学校的课题，感觉这个要求似乎超过了我的能力极限，我是不是该向领导辞职呢?"

"看起来你的工作确实很多。可能在别人眼里，你一直是一个办事井井有条的人，再多的工作交给你，你都会有序地处理好。因此，领导把工作交给你很放心。"

"也许吧，我听领导和同事们是这么说的。他们都说我是超人、铁人，说我轻轻松松地就把事情都做好了，还不会抱怨。说实话，学校也给了我很多荣誉，我得过区优秀园丁奖。" 她苦笑了一下说，"但是，他们都不知道我每天晚上和周末是怎么过的，我忙得顾不了家。我的父母和公婆都已经 80 多岁了，我每个周末却还要忙着工作，没有时间照顾他们。家里做饭也是马马虎虎，老公虽然没有怨言，但是面对着一桌马马虎虎做出来的菜，他没吃几口。女儿上大学了，同事们都说，我可以不用操心了，但是她周末好不容易回家一次，我们课题组又要加班……我感觉为了工作，我失去了对家人的照顾，没有了自己的兴趣、爱好，也放弃了休闲娱乐。我平时不看电视，不听音乐，不逛淘宝，不上公园，活得就像是一个外星人，我真的快要崩溃啦！"说到这里，她不禁失声痛哭起来，我能感觉到，她将压抑很久的情绪释放了出来。

我没有说话，静静地陪着她，只是默默地把纸巾递给她。

大概过了5分钟，她的情绪渐渐地平静下来，看起来她是一个比较有自控能力的人。"老师，让你见笑了。"她不好意思地笑了笑，"我真的不知道，这样努力追求的是不是自己想要的生活。一直以来，我要求自己既要努力工作，又要优雅生活；有自己的兴趣、爱好，有时间可以静静地读书、看报，享受平静的生活。但是不知道为什么，现在这些都没有了。问题是，我还要在年轻人面前做出表率，不能抱怨，还要要求他们和我一起努力。那天，和几个年轻人一起聊天，他们说的那些东西我都不懂，他们都笑话我 out（落伍）了，我感觉我被生活抛弃了。"

"何老师，我们是同龄人，我也有过你这样的感觉！很多时候，我感觉我的生活中已经容不下我自己了。"

"是吗？"她惊奇地看着我，"事实上，我也关注你很久了。在我眼里，你一直是一个很从容的人，这也是我今天愿意来找你的原因啊。"

"真的吗？谢谢你的赞美。所以，可能在别人的眼中，何老师你也是这样一个人呢！"

我看着何雯，然后从抽屉中取出一张白纸和一盒彩笔，"我们来画一画我们这个年龄的生涯角色图吧！"我在纸上画了一个大圆，"如果说这个大圆代表了我们全部的时间和精力，那么，这些时间和精力是如何分配给自己的这几个角色的呢？"我在大圆的边上写上了"学习者、工作者、公民、子女、夫妻、父母、休闲者"这七个角色，"每个人在生活中都有七个重要的角色要承担，但是在每个年龄阶段，这七个角色在我们生活中所占的比重都不一样。何老师你来画一画，在你的现实生活中，这七个角色所占的比重分别是多少？"

何雯想了一想，很快地就把这个大圆分成了七个部分，并给这七个角色标注了百分比，学习者20%、工作者60%、公民2%、子女10%、夫妻2%、父母5%、休闲者1%。

"确实，工作占据了我大部分的时间，因为刚刚开始接手科研课题工作，学习也占用了我很大的精力。爸妈年纪大了，我在他们身上需要花费比以往更多一点的时间和精力，但是也只能分配给他们10%的时间和精力了。我最愧对的是女儿和先生，作为母亲和妻子，我已经很久没有为他们好好做过一顿饭了。公民就是社会责任吧，我上周还做了道路交通安全的志愿者呢。说真的，留给自己的时间几乎没有了。"何雯放下笔，若有所思地看着我，"老师，我想你也是这样吧！今天是周末，我却还把你约出来工作。"

我微笑不语，从她的眼神中我看到了平静。这个下午，我没有给她任何建议，只是陪伴她宣泄了内心的焦虑。

[聆听手记]

中年，是人的体力和精力由盛转衰的拐点。在工作上，中年人往往承担了单位里中流砥柱的角色，你是别人的依靠，却没有人可以让你依靠，社会对你有较高的期待。在家里，你是家庭支柱，上有老，下有小，儿女虽然已经长大，但并不代表着可以不用为他们操心了，而老人和你的另一半却比任何时候都更需要你的关心和关怀。这可能就是所谓的中年危机。但是，单位也好，家庭也罢，都对年轻人和老年人的关心会更多一点，事实上，中年人同样需要关怀，尤其是那些勤奋努力的中年人，他们承受着工作和生活的双重压力，同时还要适应更年期身体的不适。那么，在感觉快要崩溃的时候，花一点时间爱自己吧，因为在这个年纪，最能帮助你的，是你自己。

"整容姐姐"的故事

临近妇女节的一天，我受邀去某幼儿园给老师们做以"做快乐女教师"为主题的心理培训。讲座现场有一位女老师的装束引起了我的注意：她三十岁左右，身体被宽大的外衣罩着，显得有些臃肿；飘逸的长发被宽大的帽子压着，显得非常凌乱；清秀的五官、白皙的脸，却戴着一副大大的墨镜，显得颇为神秘。这是一个怎样的人？为什么看起来有点怪异？虽然我看不到她的眼神，但通过她微微前倾的坐姿与频频点头的肢体语言，我知道她听得很投入，似乎对我的观点有不少认同之处。

讲座结束时，幼儿园园长对我说："老师们反映，今天的报告很精彩，连园里的'整容姐姐'也说很有感触，她向我提了个要求，想耽误您一点时间，单独与您谈谈，可以吗？"

"谁是'整容姐姐'？"我不解地问。

"就是那个戴帽子和墨镜的女老师。她性格有点怪，近三年来大大小小的整容手术做了不下十次了，但越整问题越严重。大家都认为她的心理出问题了。"园长解释说。

我愿意见识一下这位装束奇怪的女老师，看看究竟是什么原因让她成了"整容姐姐"。

我与"整容姐姐"见面的地点是她的办公室，在她的热情招呼下，我坐到了她的办公桌前。在她起身倒水沏茶时，我仔细看了看办公桌玻璃台板下的照片，是一个热情开朗、充满活力的女老师的照片。

"老师，那是五年前的我。"她走到我身边，指着照片上的姑娘说。

"是你啊，真漂亮。"我由衷地赞美。

"是吗？以前别人都这么夸我，但现在我被毁容了。"她的情绪一下子低落起来。

"我怎么称呼你？"我开始进入心理咨询程序。

"我姓张，叫我小张吧。"

"小张你好，今天听心理讲座时，我发现你频频点头，是认同我的观点吗？因为我看不到你的眼睛，所以无法确定。"

"是的，我觉得您讲得蛮有道理的。"她肯定地回答。

"小张，我有个要求，不知你是否同意，你可以摘下墨镜吗？我们交谈不仅仅是语言交流，还有眼神和心灵的沟通，因此，我想看到你的眼神。"从她的脸上并没有见到毁容的迹象，我大胆地提出要求。

"啊？我在公共场合已经很久没有摘下过眼镜了，我怕会吓着您的。"她在找理由回避。

"照片上的你，有一双美丽的眼睛，难道现在已经没有了吗？"透过墨镜，我并没有看到她的眼睛有何异常。

"老师，让我戴着眼镜告诉您这几年我的悲惨经历吧。"她仍不愿意摘下墨镜。"您看照片上的我，充满快乐与自信，那是我刚参加工作不久后拍的。那时虽然每天有忙不完的事，却感觉自己有使不完的劲，领导信任，同事羡慕，参加市级教学技能比赛也是轻松获奖，各方面发展得都很顺。正当我春风得意的时候，一场病让我失去了所有的美好。

"记得那是四年前的春天，为了迎接上级单位的达标检查，领导安排我加班加点整理材料。也许是在电脑前工作太久，导致了眼部疲劳；也许是既要上课，又要加班，工作压力太大，导致我的身体出现了异常。我发现自己的眼睛看东西很模糊，眼前还出现很多小黑虫飞舞，闭上眼睛的时候出现闪光。有一天晚上，我突然发现，眼前好像被一张幕帘遮住，什么也看不清了。感觉自己的眼睛失明了，我吓得大哭起来。家人迅速将我送到医院，医生诊断为"视网膜脱离"。在住院治疗的日子里，我的心情很差，假如我从此失明，再也看不到光明了怎么办？没有光明的日子，不就是黑暗与死亡吗？我很痛苦地度过了半年的治疗与康复期。

"暑假结束后，我又回到学校上班，为了照顾我的身体，领导没让我进班上课，而是安排我做财产保管。虽然工作轻松，但我感到很无聊，因为原来忙碌、充实的感觉没有了，我觉得自己是一个不被领导重用的多余之人。我感到委屈，假如领导不让我加班加点，我会得这个病吗？假如当时生病能请假，我会落到今天这个下场吗？我常常坐在镜子前，观察自己的眼睛，发现以前很有灵气的眼睛不见了，现在的眼睛就像死鱼的眼睛，没有一点生气。我突然觉得是因为自己没有以前漂亮、可爱了，所以领导不重视我，同事不喜欢我，孩子不再亲近我。

"为了找回原来的我，我关注各种整容信息，经过了解与比较，我开始行动啦。为了美化眼睛，首选割双眼皮，但期望变成了失望。因为，整容出来的双眼皮一点都不好看。随后我又陆续做了隆鼻、垫下巴、削颧骨、去眼袋、瘦脸等手术，在三年多的时间内，大大小小做了十次整容手术，但反复整容的结果是我越来越不满意。一次次的整容并没有给我带来自信与快乐，而是让我沉浸在被'毁容'的痛苦中。我害怕被别人看到毁容后的脸，所以，只能带上大大的墨镜遮掩。"说到这里，小张终于停了下来，看我的反应。

"我真的觉得你不容易。前后三年多的时间，你一直在为改变自己的容貌而努力，大大小小十次整容手术，除了需要忍受皮肉之痛外，还花掉了不少钱吧？在经济上是不是也让你背上沉重的包袱？"我问。

"是的。我家本来就不富裕，为了让我整容，妈妈不停地为我垫付医疗费，花光了家里所有的积蓄。特别是去年，我要去韩国整容，需要 8 万元，妈妈实在拿不出这笔钱，劝我不要再折腾了。但我求妈妈说：'韩国的整容技术是世界一流的，一定会让我满意的，让我再试一次吧，这一定是最后一次了。'妈妈拗不过我，从亲戚、朋友处筹得 8 万元。我利用寒假去了韩国做整容。到了韩国才知道，正规大医院的费用大约要 80 万元，8 万元只能在私人小诊所里做整容，技术当然很差。我花完 8 万元回国，并没有得到理想的整容效果。多次整容的疤痕让我感觉像被毁了容一样痛苦。我完全失去了信心，甚至可以说是绝望。妈妈也非常生气，不再搭理我，整容导致我们母女关系破裂了。"说到这里，她伤心地哭了起来。

"我能感觉到你压抑在心中的委屈与痛苦，但你是否想过，这几年来究竟是哪里出了问题，才导致你走入了整容的误区？"我提醒地问。

"我认为先是眼睛出了问题，导致心情不佳，工作不顺，人际不和，母女冲突。"她快速地回答。

"为了改变这些状况，你进入了一次又一次的整容误区。你是否想过，三年来的整容让你获得了什么？失去了什么？"我想让她聚焦整容的利弊。

"整容获得的好处几乎没有，但坏处却有很多：原有的美丽没有了，与人交往的信心没有了，良好的母女关系没有了，家里的积蓄没有了，工作的激情没有了，生活的情趣没有了……其实我也知道，整容对我来说像赌博，明明知道每次都是输，但就是不甘心，想挽回败局。"她真的是怀着赌博的心态因此越陷越深。

"小张，有一句话你是否听过：'人不是因为美丽而可爱，而是因为可爱而美丽。'五年前的你，自信、有激情、可爱，呈现健康之美、青春之美；今天的你，真正需要的并不是整容而是'整心'。你想让自己回到五年前，并不是通过整容获得外貌之美可以达到的，而是需要调整心态呈现成熟之美。"我启发地说。

在与小张的交谈中，我感到，她想要走出整容的误区，首先，要改变对自我的评价态度。获得自尊的途径有很多种，除了通过容貌、身材、服饰等来获得之外，更主要是通过自我内部优化来获得，例如知识、能力、专长和品行等，这些都能让人积极、成熟地获得自尊。其次，要扩大人际交往圈。主动与人交朋友，封闭了自己也就拒绝了朋友。假如能坦然地摘下墨镜，那说明她找回了自信；假如能自如地露出眼睛，那说明她撤除了与人交流的隔离。自信与自尊的回归，才是最成功的"整容"。

[聆听手记]

小张为什么会迷上整容？是因为她长得丑陋？否！是想整成明星的模样？否！她希望整回五年前的自己：活泼开朗、阳光自信、热情快乐。但结果是，整容并没有帮她找回自信，反而增添了更多的烦恼。小张面对生活的不如意，工作的不顺心，错误地归因于容貌。所以，她渴望通过整容找回昨天的自信。事实证明，整容可以改变容貌，但改变不了心灵。心灵的创伤需要通过心理的抚慰与治疗来修复。

小张需要的并不是整容而是"整心"，想要走出心理的阴霾，需要从家庭环境、人际关系、职业理想、专业成长等多方面入手加以矫正和优化。

爱上网购，是虚荣还是焦虑

　　每天晚上，我总会习惯性地打开电子邮箱，处理各种邮件，有时真的会被大量的垃圾邮件搞得心情不佳，当然也会因回复咨询的来信而花费不少时间。这天，一封名为"我得了网购依赖症，该怎么办？"的邮件让我认识了网名为"花猫"的女老师。她说自己因上网购物浪费了大量时间，不仅影响了工作还恶化了夫妻感情，所以前来求助。

　　看了"花猫"的求助信，我决定与她好好聊一聊。为了沟通方便，我建议面谈，至少是电话交流。没想到的是，"花猫"就在本区的某小学就职。约定面谈的时间到了，心理咨询室门口出现一位面容憔悴的女人，她自我介绍说："老师您好，我就是约定前来做心理咨询的'花猫'。"

　　"请进，怎么称呼？"我面带微笑地问。

　　"我姓花，就叫我小花吧。"

　　"小花你好，谢谢你对我的信任。在咨询中，你能如实地回答我的问题吗？"我试探性地问，看看她对我的信任程度。

　　"老师您放心，既然是我主动求助于您，说明我对您是了解、信任的，我一定有问必答。"她十分肯定地回答。

　　"好。你在邮件中提到存在网购困扰，它困扰你多久了？"我直接问。

　　"我是在半年前开始迷上网购的，开始只是热衷于买些日常用品，后来渐渐地发展到美容护发、外衣内衣、鞋包配饰、珠宝首饰、数码家电等什么都买。有时实在没有必需品可买，又控制不了网购的欲望，就买一大堆零食过把瘾。"她很配合地回答。

　　"你每天网购花费的时间、精力和费用大概是多少？"我具体地问。

　　"网购已成为我生活中最重要的事情。每天下班一回到家里就是打开电脑到各购物网站去闲逛一番，看收藏夹里的物品价格有无变化，有什么新货到了，哪些物品有优惠……通常等我逛完要花一两个小时。一天不网购，心里就憋得慌。"她如实说出自己的网购经历。

"你能说说网购时的感受吗?"我问。

"网购的感觉是期待、兴奋、满足、不安与痛苦并存。最过瘾的时刻就是点击下单的那一瞬间,感觉自己做成了一件大事,很满足;接到快递人员打来电话说'你的快递到了'时,很兴奋;听到办公室同事对自己说'哇,你又买了这么多好东西'时,很得意;当然,面对家里堆放的大量闲置物品时,很纠结;受到家人的斥责和抗议时,很痛苦。"小花不明白自己为什么会陷入网购的误区。

"你说自己过度网购不仅影响了工作,还造成了夫妻感情恶化,能具体说说吗?"我提出要求。

"以前每周收到一份快递,现在基本上每隔两天就有快递。就因为我在家总是全神贯注地网购,不做家务,不关心老公的生活,所以,老公对我很有意见。他对我网购很反感,说我总买一些没用的物品,像个神经病。有几次他还把我网购的物品扔出家门,这样,我们之间的争吵就爆发了。由于我毫无节制地买,现在每月花费在网购上的钱相当可观,老公说:'以后的日子没法过,离婚算了。'"小花开始出现烦躁不安的情绪。

"看来,你过度的网购确实使家庭生活与夫妻感情受到了影响。今天你主动求助,就是希望能控制自己的网购欲望,恢复正常的生活节奏,修复夫妻情感,对吗?"我澄清她的咨询目标。

"是的。我以前看到别人疯狂网购是嗤之以鼻的,但现在自己也成了网购迷。以前我只是逛淘宝,后来逛拉手、美团之类的,最近发现了一些9块9包邮的网站,觉得东西很便宜,就越发不可收拾了。老师,您能够帮我找到网购成瘾的原因吗?"她用求助的眼神看着我。

"网购以其便捷的优点成为很多人的购买方式之一,但一旦过度就有可能成为一种心理疾病。网购成瘾其实和购物癖有很多相似之处,当事人沉溺于购物所带来的兴奋感和满足感之中,'网购瘾'被视为'都市病'之一,是带有强迫症状的病态行为。"我严肃地回答。

"啊,这么严重啊。怪不得我老公说我是神经病!"她紧张起来。

"你也不要太紧张,网购依赖一定是有原因的,找到原因就可以找到改变行为的方法。"我安慰地说。

　　"我是一个性格内向的人，平时与人交流很少，办事能力不强。自从接触网购后，我突然发现办事可以如此简单，不必求人，也无须看人脸色，点点鼠标就能办成大事，一改以往与人打交道时的困难，有了自主、自如的快感。在接到取件电话的那一刻，我产生了一种得意感，觉得让别人看到了自己的能力；在办公室同事的一片赞美声中，更是有了自我膨胀的感觉。"小花终于说出原因，她不是为了购买便宜商品，而是出于人际交往与自我价值感的需要。

　　"迷恋网购，有的人是贪图便宜，有的人是享受便捷，但还有一部分人是为了宣泄、解压或满足更深层次的心理需要。你疯狂网购除了前面说到的想在同事面前受到关注与认可外，是否还有其他原因？"我想找到新的原因。

　　"嗯，我再告诉你一个真实的原因吧。"她神秘兮兮地说。

　　"那是什么原因呢？说来听听。"我很认真地说。

　　"我结婚五年了一直没有怀孕，做梦都想成为妈妈，渴望有一个可爱的宝宝。所以，平时一有空就喜欢上母婴用品网站看看，那些物品真的可爱，各种各样的奶嘴、奶瓶、小衣服、小鞋子等，忍不住就下单购买了。因为不想被别人笑话，所以购物时，总是偷偷摸摸、神神秘秘地，这引起老公的猜疑与反感。婆婆常常暗示我们该生个孩子啦，这也成了一种压力，不孕已成为我的心病。有时晚上我会把购买的婴儿用品摆出来欣赏，但看着、看着就抱怨起来，委屈、无奈、焦虑的心情让我一次次流泪，我的情绪也影响了老公的心情。"她说着就哽咽起来。

　　"我还有一个问题想问，你购买大量婴幼儿用品快递到学校，同事见了不会议论吗？"我不解地问。

　　"不是所有物品都寄到学校的，一部分寄到学校，满足虚荣心；另一部分寄到家，所以，我在上班时间网购，严重影响了工作；在家时也网购，引发了家庭矛盾。"她无奈地说。

　　在了解了小花无法克制网购的心理原因后，我给予她的建议是：第一，重塑购物原则，学会理性消费，对不是急需、必备的物品，做到少买或者不买。坚决控制超出实际需求和超越购买能力的非理性消费。

第二，寻找快乐源。走入现实社会，减少网络依赖，学会与人交往，在人际交往中体验充实与快乐。走近大自然，感受生活的丰富，享受更多来自精神世界的美好。

第三，修复夫妻关系。夫妻之间要互相尊重，密切沟通，共同商议购买哪些家庭物品，这样可以有效控制不必要的、闲置物品的开支。

第四，寻求医学帮助，寻找不孕不育的原因，以积极的心态迎接小宝宝的到来，早日完成做妈妈的心愿。

"老师，沉迷网购的原因找到了，道理懂了，自控的方法也有了，我回去好好试试，争取早日走出迷恋网购的误区。"小花认真地说。

我期待这次心理咨询能给小花带来启发与希望。

[**聆听手记**]

随着信息技术的发展和运用，网购已成为一种生活时尚，它以便捷、实惠的消费特点，赢得了网民特别是中青年网民的青睐。然而，在现实生活中，有些人过度依赖网购，每天不由自主地浏览购物网站，经常上网买些零碎的、不需要的物品，期待快递包裹快点到……所以，当发现自己对网购过于依赖时，要及时评估自己工作、生活中是不是压力过大了，及时采取适当方式减压。同时，要培养和增强自我控制力，养成理性消费的习惯以及积极向上的健康生活方式，这样，才不至于染上"网购依赖症"。通过本案例我们看到，"网购依赖症"产生的原因是多种多样的，心理咨询师只有帮助来访者找到内在的心理原因，才能对症下药地解决问题，收到良好的效果。

果断，成就你的魄力

这天，我受邀承担中小学教师"国培计划"的培训任务，为 100 名来自西部地区的学员们做了题为"教育智慧与真情——做幸福的教师"的专题讲座。中场休息期间，一位身材高大的年轻男老师神色凝重地来到我身边，诚恳地说："老师，您有时间吗？我想找您谈谈。"看他的神情，我明白，此刻的他迫切希望得到我的帮助，我们约定午餐后交谈。

虽说天气有点闷热，但不至于热得让人满头大汗，只见这位男老师不停地擦汗，背后的衣裳都湿了一大片，表现得非常紧张。

他对我说："我是一名计算机专业老师，有机会从偏远的西部地区来参加'国培计划'，说明自己是一个幸运者，是被学校领导器重的教学业务的佼佼者。领导给了我这么好的学习机会，我本该高兴，但我一直在担心回去后该怎么办。同事们会羡慕我也一定会妒忌我，领导会重视我也一定会期待我。想当初在来还是不来参加'国培计划'的问题上，我纠结了好久，现在又为回去后该如何开展工作思考了多日。老师，这只是我感到纠结的一件事而已，平时有太多的纠结让我无法做决定，我就是一个痛苦的'纠结男'。"

为了搞清男老师究竟在哪些问题上纠结不清，我请他再举几个有关纠结的例子说来听听。他告诉我："来到上海，我想买个新手机便于与家人联系。但买哪款手机让我纠结了许久。思考再三后，我花 2700 元买了一部智能手机，结果发现是'山寨机'，被人骗了，心里很难过。想想真是倒霉，也后悔做事太冲动。但又一想，不就是 2700 元钱吗，就当花钱买个教训吧。但纠结的我始终无法排遣郁闷而痛苦的心情，好几个晚上都失眠了。"

看来他在工作和生活中都是一个优柔寡断的人，非常渴望能够摆脱纠结的痛苦，但又不知从何入手。

我问了他两个问题："你有果断做决定的经历吗？你从小有独自做决定的机会吗？"

　　他回答道："在计算机专业课上，面对学生提出的问题，我能给出确切的回复，但在其他事情上，常常无法果断做出决定。我生活在一个普通的农村家庭，有三个姐姐。一切都是听妈妈或姐姐们的安排，什么事都轮不到我来做决定。"

　　得知他已30岁，我问："你成家了吗？"他无奈地摇着头说："没有，这也是我纠结的一个问题。我几乎没有朋友，18岁以前，我一直生活在封闭的环境中；读大学后才开始与人交往，但常有不知所措、无从入手的困惑。交还是不交女朋友，又是让我非常纠结的一个问题。"

　　对于造成他遇事犹豫不决、异常纠结的原因，我认为主要有两个。

　　一是缺乏自信。他对自己的计算机专业技术和能力水平还比较自信，所以，面对学生的问题能做出确切的回答。但在其他场合，他由于缺乏为人处世的能力，因害怕出错而不敢做决定。

　　二是缺乏能力。他是家中唯一的男孩，从小被父母、姐姐们宠爱，过分的溺爱造成了他极度依赖他人而不会做决定。除了性格内向和成长环境不利之外，还有一个非常重要的原因是他没有朋友。遇到困惑没有人帮助他出谋划策，碰到困难也没有人帮助他共同承担。他自己又缺少遇事独自担当的能力。我想让他从建立朋友关系开始改变自己。

　　他不解地问："朋友是什么？"

　　我告诉他，在茫茫人海中，每个人都在各自不同的生命轨迹上运行，能够彼此相遇、相聚，实在是一种缘分。朋友不是日日相见但却是心心相印的人。朋友的相处是一种相互认可、相互欣赏的过程。对方的智慧、能力和激情，是你终身受益的动力和源泉。你的一个眼神，朋友就能心领神会地读懂；你的一份情感，朋友就能心有灵犀地理解。在倾诉与聆听中，在交流与接触中，朋友能感知彼此的温暖与力量。在你登高时朋友是一块垫脚石，在你受伤时朋友是一副抚慰剂，在你饥渴时朋友是一杯甘露。

　　在心理咨询的过程中，我请他做了三个心理小游戏。

　　一是组词填空。"请写出十个带有'友'字的词组，如'朋友''挚友''网友''驴友'，等等。"我说。

　　通过做这个心理游戏，他恍然大悟，原来生活中存在各式各样的朋友。

不同年龄、职业、国籍、性别、贫富的人，都能够成为朋友。

二是发祝福短信。"请拿出手机，在最短的时间内，用不同的祝福语，给五位不同类型的朋友分别发送一条中秋节祝福短信，也看看自己能收到多少朋友的回复短信。"

他为难地说："自己平时很少主动给他人发送祝福短信，几乎从来没有收到他人的祝福短信。"

我希望他把这个心理游戏作为学习与人交往的训练作业，回去好好完成。让他与朋友保持联系成为一种习惯，与朋友分享快乐成为一种享受，与朋友分担困难成为一种责任。

三是画人际"蜘蛛网"。"请画一张类似蜘蛛网一样的人际关系网。想一想：支撑网上各基点的人是谁？由内向外每一圈标志的人又是谁？"

他花了很长时间才完成。我发现他画的网上的线条是那样的稀疏，可以说是少得可怜，这说明在他的生命中，朋友真的很少。

我想让他明白一个浅显的道理：小小的蜘蛛就是靠一张自己编织的网抵御风雨而顺利成长的。这张网编织得越严密、牢固，就越有安全感和生命力。我们在人生的道路上是否也需要编织一张有力的人际关系网？

他分析自己总爱纠结的原因时说："自己没有安全感，常常担心会发生一些不好的事情。如害怕校长对自己的工作不满意，突然通知说'你被开除了'；担心父母突然出现意外；身体总感到不适，害怕被查出得了绝症等。所以，这些莫名其妙的担心常常使自己失眠。"

"在你的生活经历中，发生过令你无比担心的事吗？"我问。

"上大学时发生过。大三那年，我因专业课考试成绩不及格而挂科，经过补考还是未通过，学校教务部门发出警告：如果在一学期内再不通过，就无法正常毕业。这件事让我感到了无助与恐惧，因为家人为了供我读大学，三个姐姐一个早早地嫁人，一个外出打工，一个辍学在家务农。我本想大学毕业后找份好工作，分担家庭困难，但如果不能按时毕业，真是无法面对家人。那时我被这种担心折磨得彻夜难眠，还出现心悸、心痛等生理症状。"

我问他："那你后来是怎么毕业的？"

　　"大学辅导员见我身体虚弱，心事重重，就找我谈话，并让我找学校心理老师接受心理咨询。经过老师的帮助，我渐渐有了力量和勇气。经过认真复习，加倍努力，我终于补考合格，幸运毕业。但工作以后，遇到困难时我总爱纠结，虽然明白努力的意义，但也害怕失败的滋味。"

　　不知不觉 90 分钟过去了，心理咨询需要告一段落，他非常感激地说："我知道想要改变很难，需要一个漫长的过程，但今天您让我明白自己特爱纠结的原因。我会努力改变自己的，谢谢您。"

[聆听手记]

　　望着男老师离去时的背影，心理咨询师心里并不轻松，因为帮助他改变的任务仅靠一次心理咨询其实是远远不够的。

　　心理咨询师很想让他明白，生活就像一条河，时而平静流淌，时而跌宕起伏；人生就像一本书，不仅能记录欢笑、愉悦的瞬间，也会记载悲伤、痛苦的经历。所以，想要把握人生就要驾驭风浪，迎接挑战。

　　其实，特别爱纠结的人，一是思考复杂，给自己设下了太多有可能性的选择；二是顾虑重重，害怕各种选择带来的影响。他们因此犹豫不决，举棋不定，担心承担失败的风险。如果我们了解了人生四大平衡法则——"有利有弊""有升有降""有长有短""有喜有悲"，自然就明白了万事不能十全十美、有得必有失的道理。既然如此，过分的纠结又有什么意义呢？学会大度地面对生活给予的不公平，豁达地接受人生遭遇的不如意，是治疗纠结最好的良方，也是每个人都不可缺少的人生课程。

　　希望这位男老师能够了解自己的优势、劣势、性格特征和行为方式，接纳自己，肯定自己的价值。每个人面对生活中的种种事件，都需要缜密的思考、果断的决定和顽强的坚守。

卸下自责的包袱

清明小长假结束后上班的第一天，听学校工会主席赵老师说，初中部的秦老师又住院了。近三年来，每到清明节秦老师都会因心脏问题住院治疗，医生的诊断结果是心脏神经官能症。

秦老师希望我能去医院跟她聊聊。我想这不是同事间的简单拜访与安慰，而是心理求助和心理干预。第二天上午，我去了医院。一进入病房，就见秦老师双眼微闭、脸色苍白地静躺在病床上，她丈夫陪护在她的身边。因为我的到来，秦老师睁开眼睛示意我坐下。简单寒暄之后，我们开始认真地交谈。

"我总感到心跳异常、心慌胸闷、呼吸不畅，有时还感到心口疼痛。但医生说我的问题不在心脏而在心理。"秦老师有气无力地说。

"医生的意见也是有道理的，心脏是否有器质性的问题，可以通过医学检查来确定，比如做心肌酶、心电图、心脏彩超等检查。医生让你做相关检查了吗？"我询问。

"都检查了，医生说都没有明显的问题。"她很肯定地说。

"既然排除了你有心脏器质性病变的可能，那心慌、胸闷、呼吸不畅、心口疼痛的症状，可以考虑是心理原因造成的躯体症状。"我肯定地说。

"我感到奇怪，为什么我发病总在清明前后，是不是逝去的亲人在作怪？"她疑惑地问。

"清明时节是我们缅怀故人的时节，这个时候常常会勾起我们对逝者的思念。我们往往会回忆他们在世时的音容笑貌，遗憾未在他们在世时多做一些事，这样的情感确实会让人感到悲伤和内疚。如果长时间不能从这样的情感中走出来就会伤及身体。我记得你近三年的清明节都因心脏不适而住院，是否有忘不掉、放不下的情感原因啊？"我深入地问。

秦老师的眼泪终于忍不住地流了下来，当我递上纸巾后，她放开声音哭着喊出："爸爸，我对不起你……"

我一手握住她冰凉的手，一手抚摸她抽动的肩，此刻，最好的心理辅导就是默默地陪伴。病房里的其他人都善意地离开了，腾出空间让她尽情地释放内心压抑的情感。

待她的情绪慢慢平复后，我问："你对你爸爸的愧疚之情是不是一直压抑着，今天终于说出来了？"

"是的。爸爸去世已经三年了，每到清明节，亲戚们都会去扫墓，但我却总是因为心脏病发作而住院，不能去。我感到很遗憾，但身体不允许，我又有什么办法呢？"她似乎是自言自语。

"你刚才说'爸爸，我对不起你'时的情绪非常强烈，有什么具体的事让你对你爸爸心存愧疚吗？我感觉清明节对你来说，是一个痛苦和恐惧的日子，也许，心脏病发作是你的一种自我保护机制。"我分析道。

秦老师沉默了好久，终于含着泪说："爸爸的死与我有直接的关系。记得那天轮到我陪护爸爸，中午我给他喂饭，不小心让他噎住了，他一下子呼吸困难，脸色发紫。我急忙喊医生抢救，但已经来不及了，爸爸就这样咽气了。虽然没有人责怪我，但我不能原谅自己。我对不起他，是我把他送走了。"

"你去过你爸爸的墓地吗？"我换了个话题。

"去过一次，就是下葬的那一次。爸爸临死时因痛苦而扭曲的脸在我眼前永远挥之不去。看到墓碑上爸爸的照片，我非常悲伤、内疚，也非常害怕，当时就感到心口疼痛、呼吸困难、脸色苍白、头冒虚汗。大家都以为我是悲伤过度导致的，一边安慰我，一边将我送进了医院。从此，每到清明节我都会出现心脏不适的症状。"她露出复杂的表情。

秦老师的叙述基本证实了我的猜测。她一到清明节就犯病，是自我保护机制在起作用。因为她对父亲的死有一种负罪感，所以，她害怕听到亲人们的埋怨，也恐惧父亲的怨恨。精神上高度的紧张、焦虑，对秦老师来说是一种折磨，因无法面对恐惧，她选择了回避与逃离。

基本明确了秦老师发病的原因后，我想从以下几方面展开工作。

第一，帮助秦老师了解她父亲去世的真实原因，接受老人去世的现实。

第二，帮助秦老师卸下自责的包袱，强化亲人们的理解与陪伴。

第三，帮助秦老师化悲伤为哀思，变内疚为怀念。

趁护士来做例行检查之际，我让秦老师休息一会儿，示意她丈夫到病房外的走廊交谈。

"你好！为了更好地帮助秦老师，我想了解几个问题：医生在老人的《居民死亡医学证明书》上的结论是什么？家中其他成员对老人去世是怎样的态度？是否有人怪罪过秦老师最后的陪伴失职？"

"说实话，《居民死亡医学证明书》我没见到，所以，不知道医生的结论是什么。但家中其他成员对老人去世是有准备的，老人去世时已经87岁了，身体一直很弱，住老年康复医院已有两年多，住院期间也多次出现过因噎食被抢救的情况。老人去世后，没有人怪罪过秦老师，大家都觉得她是一个孝女，平时对父亲的照顾很细致入微。"他平静地说。

"秦老师在对父亲最后的照料上有内疚和自责的情绪，所以，最好让家人们对她孝顺父亲的行为做出明确的肯定，让她放下因意外而自责不孝的包袱。"我提出要求。"麻烦你在亲属中了解一下医生的诊断结论，好吗？"我想这个结论也许可以帮到秦老师。

他离开了一会儿，回来后告诉我："通过向秦老师的哥哥核实，老人去世的原因是，心力衰竭导致心脏骤停。"

我希望他能够多陪伴秦老师，因为家人的支持是最好的安慰剂。

秦老师出院后，主动来心理咨询室求助。"你好！我今天来的目的是想尽快消除心理压力。"她目标明确地说。

"你的压力是什么？"我问。

"我是父亲死亡的推手吗？"她的眼泪忍不住流了出来。

"父亲去世是突然发生的吗？医生的诊断结论是什么？"我直奔主题问。

"父亲在老年康复医院已经住了很久，身体已经非常虚弱，心脏功能差，在医院也发生过几次因为喝水、进食被噎抢救的情况。我们兄妹四人一直轮流照顾他，他去世那天恰好轮到我陪护。父亲因抢救无效去世，医生的诊断结论是心力衰竭导致心脏骤停。"她思路清晰地回答。

"老人的离去并非偶然，心力衰竭是一个慢慢恶化的过程，但心脏骤停是一个突发的过程，所以，我们必须接受这个现实，愿逝者安息，生者坚强。"我说。

"嗯。"秦老师点头表示认同。

"几次清明扫墓你都因生病住院而无法前往，这对你来说是一种遗憾。我知道，其实你内心也希望去墓地祭奠你父亲，但在亲戚、朋友面前你感到有压力，所以，去与不去成为一种纠结。你看这样好不好，等过一阵儿，让你的丈夫陪你去一趟墓地，把心里话与你父亲好好说说，相信这会让你得到解脱。"我提议。

"你说得对，我很想去墓地看看爸爸，但害怕亲戚们会提到爸爸离世前最后……"她又纠结起来了。

"秦老师，你父亲过世已经三年了，相信大家都已经接受了这一事实。每逢清明，祭奠是儿女对父亲的尽孝之举，但不该只是简单的悲伤、怀念，更不该是痛苦的责备。在我们缅怀亲人之时，应向亲人汇报生者的安宁。相信你的父亲一定希望你健康生活，只有你过得快乐才是对他最好的安慰。"我开导地说。

"昨天我老公也跟我说了，他愿意陪我一起去墓地，我们决定本周末去，我怕到时候心脏病又犯了。"她还是有点担心。

"医生说，你的心脏没有器质性的问题。那就是说，假如你能够调整好心态的话，应该不会出问题，这一点你可以放心，若真怕出现心脏不适，备一点药也是应该的。有家人陪伴一同前往，也是安全措施。"我说。

"好吧，那我去试一试。"她有信心地说。

周一早上刚上班，我就接到了秦老师的电话。她告诉我："昨天去了墓地，虽然在墓前哭得很伤心，但把想对爸爸说的话都说了。在老公的陪伴下，我顺利完成了祭奠仪式，下山回家的路上，心里不再感到被压抑的难受，呼吸也轻松多了。"

"秦老师，你终于走出了自我谴责、自我压抑的阴影，我为你感到高兴。"我带着欣慰回应道。

[聆听手记]

在中国传统文化里，清明节是一个纪念祖先及离世亲人的节日。主要的纪念活动是扫墓，并伴以踏青、植树等活动。在现实生活中，清明节也被赋予了饮水思源、凝聚族群、迎春健身及关爱自然等意义。

　　生离死别是人生最大的创痛。每个人都会面临父母离世的现实，在那一刻到来的时候，子女能够真切地体会到万分悲痛的感受，有些人长时间沉浸在悲痛的情绪中难以自拔，会导致身体及精神出现问题。哀伤心理辅导是现实中重要的一种辅导方式，应该引起社会的关注。

她画了一棵"阴阳树"

这天，学校组织老师做心理减压的培训，当主持人要求每位学员领取一个枕头，做"枕头大战"的活动体验时，女老师小梁表现出为难的情绪，她脸上流露的是拒绝的表情。我作为活动督导，认真观察了每位参与者的表现。在其他学员玩得很 high 的情况下，小梁静静地站在窗前，把柔软的枕头紧紧地护在胸前。我还在她脸上捕捉到恐惧的神情。于是，我示意主持人，允许小梁暂时不参加主体活动，因为她的行为告诉我，她的异常反应下隐藏着更深层的原因。

在培训进行的过程中，主持人运用"房树人测验"技术，要求每位学员画图。主持人的指导语是："请用铅笔在一张白纸（A4）上任意画一幅包括房子、树木和人物在内的画；想怎么画就怎么画，但要认真地画；不要采取写生或临摹的方式，也不要用尺子，在时间方面没有限制，允许涂改。"

我重点观察了小梁的"作品"，画面是这样的：白纸的正中央画了一间大大的房子，既没有窗户也没有门。一个披着长发、穿着长裙、胸前搭着长丝巾的女生坐在屋内。房外有一棵树干上带有伤痕的树，靠近房子一面的枝干树叶凋零，而向外伸展的枝干树叶茂盛，是一棵典型的"阴阳树"。在其他老师急切地希望主持人给自己的"作品"做分析时，小梁神色紧张地悄然离场。

我跟随小梁走到楼梯拐角处，轻声地问："梁老师，你哪里不舒服吗?"

她看着我，抿着嘴不发声，过了一会儿才点点头表示回应。

"愿意与我谈谈吗?"我小心地询问，害怕触碰到她内心敏感之处。

她还是用点头的方式回应了我，眼中噙满了泪水。

我很自然地把手搭在她的肩上，邀请她到心理咨询室面谈。但就在我的手碰到她肩膀的一瞬间，我明显地感觉到她身体表现的抽搐和逃离反应。她的种种表现让我预感到问题的严重性和复杂性。

进入心理咨询室后，我见小梁用警惕的目光环视四周。"请坐，这里不会被别人打扰，这里发生的事，遵循保密原则。"我微笑地说，希望给她带来安全感。

她点着头，表示接受我的说法。

"今天的培训让你感到不舒服了，是吗？"我直奔主题地问。

"是的，我感到害怕。"

"我感觉到了你的害怕，枕头护在胸前是自我保护的表现。愿意谈谈你的'作品'吗？"我又一次切入关键问题。

"我没有刻意去设计自己的'作品'，我不知道为什么我画的图跟别人不一样。我看到同伴画的树是枝繁叶茂、硕果累累的，而我画的是'阴阳树'；同伴画的房子里不止一个人，好像是三口之家，可我画的是孤零零的一个人。我感觉自己有心理问题，但又害怕被剖析，所以，我慌忙逃离了会场。"

"愿意听听我的分析吗？"我征求她的意见，就是不想让她感受到被剖析的压力。

"嗯，我愿意。"她轻声但肯定地回答。

"刚才主持人采用的是心理学上的房树人测验技术。这个测验可以投射出被测者个人的心理状态，有系统地把你的潜意识释放出来。这种技术透过潜意识去组织被测者的动机、观感、见解及过往经历等，去帮助被测者了解事件的本质。既然是'房树人测验'，我们可以根据房子的大小、位置、朝向，以及是否有窗，门是打开还是紧闭等情况做分析；同样我们也需要分析树的构成因素，如树的位置、大小、种类、枝干、树冠、树根、果实等因素；人也一样，人的高矮、性别、位置、数量、服饰、特征等都可以为我们提供分析的信息。你的'作品'中有几处给我留下了比较深刻的印象。比如，房子既没有窗户也没有门，是一个封闭的空间。房中的女孩披着长发，穿着长裙，胸前搭着一条长围巾。再比如，你画的树，一面是枝叶茂盛，而另一面凋零枯萎。我想这些场景应该都是有所表达的，你觉得呢？"我期待她有所察觉。

"老师，您很厉害，一眼看穿了我的心。我不懂这么画暴露了什么问题，但我明白自己与别人不同，所以，画面可能独特。"

"我很想听听你与众不同的故事，愿意说说吗？"我尊重而又期待地问。

"老师，不瞒您说，我是一个癌症患者。五年前，我发现左侧乳房长了个小肿块，不痛不痒的也没在意。但第二年到医院一查，医生诊断是乳腺癌并已到中期。听到这样的消息，我感觉天塌下来似的恐惧，也非常后悔一年前没有重视它而耽误了治疗良机，我的精神状态达到了崩溃的边缘。最后，在家人的陪伴下，我做了肿瘤切除手术并做了化疗。在治疗期间，我的头发很快掉完了。我不敢照镜子，不敢出门，不愿见朋友，退出了QQ空间，我把自己封闭了起来。这大概就是您所说的，'房子既没有窗户也没有门，是一个封闭的空间'。

"但老天还是给了我生存的机会，我终于度过了绝望的治疗期，进入平静的恢复期。四年过去了，虽然身体逐渐地恢复了，但我知道，自己一直被病魔的阴影笼罩着。因为不再拥有完美的乳房，我无法面对他人，不敢去游泳池，不敢穿轻薄、飘逸的衣裙，不敢找对象谈恋爱。不论春夏秋冬，我的胸前总垂着一条长长的丝巾，不是为了御寒，也不是为了美丽的点缀，而是为了找到一份充满安全感的自我保护。我的人生被冻在了过去而无法走入未来。"她终于忍不住大声地哭了出来。

"小梁，谢谢你的信任，告诉了我你不凡的经历和真实的感受。昨天已经过去，今天已经到来，你一定可以从今天走向明天。"我安慰并鼓励她，手停在了半空中，不敢触碰她敏感的身躯。

"你渴望自己能够长发飘飘。长裙、长发、长丝巾，都在营造一个美丽的女性形象。但假如你不自信、不开朗、不快乐，这'三长'给人带来的只能是包裹的累赘和封闭的压抑。"我分析地说。

"那我该怎样才能走出封闭的阴影呢？"她主动地问。

"你经历了一场大病，确实会产生恐惧的阴影。但假如我们从以下几个方面做些努力，也许可以有所改变：一是要对现有的医疗能力与水平有信心，保持规律的术后复查；二是注意营养均衡，多吃蔬菜、水果，尽量少吃肉类食物；三是注意劳逸结合，多参加户外活动，增加机体免疫力；四是注意心理调适，遇到情绪问题及时求助心理机构。稳定的情绪、开朗的性格、广泛的交往、丰富的活动，都是疗伤的良药。"

"嗯，老师，我一定努力试试。还有一个问题，想请您帮我解答，为什么我会画出一棵'阴阳树'？"她又一次主动求助。

"在房树人测验中，树是自我意识的体现，树其实能表现出每个人生命的成长历程。树的姿态象征人的内心的平衡状态；树的种类象征人的生活态度和人格倾向；树干的伤痕提示人的心理创伤的体验和不安；树的表皮代表着个体与外界或他人接触的部分；树冠象征个体性格方面的内容；树根表示个体与现实的关系，以及对自己支配现实能力的一种认识。所以，我们可以从树的种类、树干、树冠、树根等几方面去分析。"我简单地介绍了房树人测验中树的寓意。

"哦，蛮有意思的。"她略带兴奋地说。

"所以，一棵'阴阳树'最重要的表达信息大概是，内心渴望与现实行为的纠结，也可以理解为理想追求与现实挫折的冲突。如果你想具体分析，可以仔细看看自己的'作品'，慢慢地来澄清。"我启发地说。

"老师，您不要说了，留着让我回家慢慢地感悟吧！"她恳求地说。

"好，希望你在感悟中能找出摆脱阴影的答案。"我真诚地祝福她。

[聆听手记]

从小梁告辞离开时的神情中，心理咨询师读到了这样的信息：她害怕做深度的心理分析。因为这种分析可能会触碰到她曾经的伤痛，而此刻的她还没有做好面对的准备。所以，心理咨询师把思考的空间与接受的时间留给来访者，不仅是对来访者的尊重，更是对来访者的保护。

时间确实可以疗伤，只有积极面对，才可以更好地走出创伤的阴影，才可以获得重生的希望，而不是简单地让伤口结痂和将记忆封存。

沉迷网游的女教师

这天，在女教师专场心理讲座上，我向听课的学员们提问："你希望自己能够拥有什么？"

年轻的刘老师说："我希望能家庭和睦，子女成才。"中年的李老师说："我希望能事业有成，桃李满天下。"老年的张老师说："我希望能青春常驻，身体健康。"听完她们的发言，我感到对女教师来说，家庭、事业、生活是答案中的关键词。青年教师渴望家庭和睦，中年教师渴望事业有成，老年教师渴望身体健康，大家都渴望自己能生活在美好的理想中。成为事业有成、生活如意、健康幸福的人，是每个人追求的目标。

但在现实生活中，青年教师常被工作压力所困扰，中年教师常被家庭负担所困扰，老年教师则常被身体问题所困扰。假如我们无法在理想与现实之间找到连接的渠道，可能就会出现情绪焦虑、沮丧、迷茫的状态。

日前有位女教师前来咨询说："自己今年整四十，身体状况不好，工作没有突破，业务少有长进，领导不再重视，孩子越来越不服管教，夫妻之间缺少激情……俗话说'女人四十豆腐渣'，感觉自己真是如此。"

我想对这位女教师说的是，世人还有另一种说法——'女人四十一枝花'。四十岁的女人虽然没有了年轻时的美丽动人，但有了成熟女性的无穷魅力；虽然没有了年轻时的青春活力，但有了中年人的内涵韵味，能深刻、理智地理解事物，沉稳、坚忍地应对生活。

女教师在家庭、工作和生活关系中出现了困惑，因缺乏自信而自暴自弃时，想要找回快乐，应该努力做好三件事。

第一，创建一个温馨的家庭，给予丈夫和孩子一份真情的关爱，找到做女人的角色感——妻子与母亲。

第二，培养一个业余爱好，给予学生和同事一份热情的帮助，找到当教师的角色感——师长与伙伴。

第三，确定一个生活的目标，给予自己和未来一份激情的期盼，找到经历人生的充实感——价值与幸福。

近期遇到一个因玩网游上瘾来做咨询的案例，求助者是一位 52 岁的女教师。让人不解的是，上瘾者既不是她的学生也不是她的孩子而是她本人。经过心理分析我意外地发现，这位一贯优秀的佼佼者走进了追求成功的误区。

事情的经过是这样的。有一天，我接到了一个电话。"老师你好，我冒昧地给你打电话，想咨询如何才能戒除玩网游上瘾的事。"从电话里我听到一个沙哑并略显疲倦的声音。

"谢谢你的信任，我想问一下：当事人的年龄多大？是小学生还是中学生？"凭经验判断，这种情况一般是孩子玩网游上瘾，无奈的家长或老师前来做心理咨询，所以我就这样直接提问了。

"不是孩子，是成年人。"对方平静地回答。

在我看来，要解决成年人的网瘾问题会比学生困难得多。"是成年人，那你能具体说说他的基本情况吗？"

"女性，50 多岁，本人感觉很痛苦，但又控制不了地想上网玩游戏。"对方情绪低落，无奈地说。

"当事人是你本人吗？"我判断是当事人主动求助。

"是我本人想求助。"对方明确地说。

为了能有效地做心理咨询，我建议她做面对面的心理辅导。对方同意并约定了第二天下午四点来心理咨询中心。

在等待来访者到来的时候，我在想："来访者会是一个怎样的人？从事什么职业？迷恋的动机是什么？"

敲门声响起，我面前出现了一位体形修长、头发花白的中年女性。"老师，你好，我是昨天与你通话的预约者。"她一口标准的普通话，表达清晰。

"欢迎啊，请坐。怎么称呼？"我问。

"我姓廖，是一名小学教师。"廖老师得体地介绍自己。

"廖老师，咨询如何戒除玩网游上瘾是你本人的需求吗？"我想尽快澄清对来访者求助的疑惑。

"是的。我知道这是浪费时间的无聊活动，但内心总是控制不住地要上网玩。哎，真不知道我中了什么邪！"她一脸苦笑地说。

"你在网上玩什么游戏？你目前是网游高手吗？"我问。

"我只玩'双扣游戏'，其他不玩也不会。不瞒你说，我不是高手，是'负分累累'的差生，丢人啊！"她很认真地说。

"你刚才说，自己是'负分累累'的差生，很丢人。网上打牌的对手是彼此都不认识的，没有人会在乎你是不是差生，你是不是对自己不好的战绩不甘心、不认可啊？"我问道。

"老师，你不知道，当你'负分累累'时，没人愿意与你合作，遇到一些高分者，他们会把你'踢出局'。遇到这种情况时，我感到自尊心受损，非常难受。我就是想通过'再来一局'获得好分数，改变不良记录，所以就陷入了无数次的'再来一局'的困境中。我知道这是赌博心理，但越赌越输，身心疲惫，情绪焦躁。"她很严肃地分析自己的行为。

"看得出来，你是一个做事特别认真的人，连玩游戏也那么认真，一丝不苟啊！"我调侃地说，想让她轻松一点。

"老师，你真是好眼力啊！我就是一位工作极度认真的老教师。在近30年的教书生涯中，我除了教书就是看书，很少有其他的兴趣爱好。我一贯奉行'一分耕耘，一分收获'的真理，总是教导学生要远离电视，拒绝网游，要把百分之百的精力放在学习上，但万万没想到的是自己却迷恋网游不可自拔。"

"廖老师，我想了解一下，你是从什么时间开始，又是什么原因促使你开始玩网游的？"我问。

"寒假前夕，因为健康原因，我请假在家休息。感到无聊时，就在网上闲逛打发时间，儿子教我打'双扣游戏'，没想到竟至迷恋的程度。我以固有的认真与执着的态度投身于游戏中，一不小心就成了QQ游戏空间中的常客，迷恋网游达到废寝忘食的程度。我整天泡在游戏室中孤军奋战，出现腰酸背痛、老眼昏花、腿脚麻木的症状时，还坚守'战场'。我本以为加倍努力一定可以换来硕果累累，但没有想到自己总是输多赢少，自然成了'负分累累'的差生。因为战绩不良，我常常被网游同伴看不起，不是被嘲讽就是被'踢出局'，我的自尊心从来没有受过这样的打击，太受不了了。为了能摆脱困境，我更努力地沉迷于网游之中。最近，我出现了血压升高、心跳过速等身体不适症状，医生说是疲劳、紧张、焦虑所致。"她说出了自己投身游戏的经历。

"廖老师，我感觉你在游戏中非常想获得别人的认可，想证明自己是努力的，应该得到好的回报，对吗？"我试探着挖掘她在游戏之外的心理需求。

"你说得对，我就想证明自己的努力与存在的价值。我一贯都是勤勤恳恳地工作，也取得过不少荣誉。但近几年来，我在工作上开始感觉力不从心了，特别在中青年教师面前没有了优势，常常有一种被淘汰的危机感。"她认可我的分析，也明白自己沉迷网游的真正原因。

一个50多岁的女教师怎么会成为玩网游的上瘾者？其实不难理解，网游是设计者根据心理学原理，从人性化的角度设计出来的娱乐项目，具有极大的诱惑力，为大众所青睐。廖老师本以为自己是"钢铁战士"，能够抵御各种诱惑，但万万没有想到，击中她软肋的恰恰是自己对成功的执着追求和对结果的强力控制欲。她一贯做事认真，容不得自己有半点的落后和失败，在无数次游戏的开始与结束中乐此不疲，不知不觉掉入网游深潭。

"廖老师，我想告诉你一个简单的事实，网游很精彩，人生更精彩。打开视野，敞开心扉，去领略更多精彩的瞬间，去涉足更多精彩的领域。在大千世界中，要客观看待自己的能力，欣然接受自己的渺小。老师既不是知识的化身，也不是精神的圣人，只是带有各种欲望和缺陷的平凡人。"我分析道。

廖老师恍然大悟地说："原来过度的认真也会带来追求的狭隘，我明白了，承认自己的无能与渺小，是乐观与大度的表现。"

[聆听手记]

上瘾从本质上来讲属于心理学范畴，是一种心理失调。这种失调会影响人的大脑机能，对个体在决策力、自控力、学习能力及生活方式等方面造成影响。廖老师前来做心理咨询的目标是让自己戒掉网游，让生活恢复以往的平静。其实，精疲力竭的廖老师想忘掉的不仅是网游本身，而且是"负分累累"的不佳记录和受伤的心灵。通过心理辅导，心理咨询师让廖老师明白，适度接受自己的不足不代表你自卑，而证明你具有接受现实的勇气和提升自己的信心。

家有强势妻

周一上午，我刚到心理咨询室就接到了一个电话。电话中传来了低沉的男士声音，他表明了自己的教师身份和想做心理咨询的意愿。

"你打算何时过来做心理咨询呢？"我决定接受他的求助。

"我现在就在您的心理咨询中心楼下，如果您同意，我立马上来。"对方显得非常急迫，看来他是有备而来的。

面对没有预约的不速之客，我只能先放下手头的工作，匆匆走入心理咨询室，只见一个面容憔悴的中年男人正坐在沙发上等待我的到来。

"你好，怎样称呼？"我主动地问。

"我姓戴，就叫老戴吧！"他有点不好意思地说。

"你有这么老吗？我就叫你戴老师，可以吧？你这么着急地来找我，是遇到了什么难题？"我直奔主题地问。

"昨天我女儿离家出走了。"戴老师的眼圈微微发红。

"那今天找到了吗？"我急切地问。

"女儿是被找回来了，可我真想离家出走。"他低着头轻声地说。

"女儿刚找回来，你又想要出走，这个家怎么啦？你能告诉我她离家出走的原因吗？"

"是我扇了她一巴掌，把她气跑的。我对女儿一直是十分宠爱的，打骂她的只有我老婆。女儿每次受委屈时，我总想极力保护她。这一次，我真不知道自己为什么会动手打她。女儿离家出走时，留下一张纸条，所以我知道，女儿是带着委屈与失望的心情离家出走的。原来她以为，在这个不快乐的家里，还有爸爸保护下的一丝温暖，但现在没有了，面对强势的妈妈、无能的爸爸，她只能沮丧地离开。"戴老师很内疚地说。

"妈妈如何强势？爸爸如何无能？能具体说说吗？"我问。

"我老婆一直以来的做法是'只许州官放火，不许百姓点灯'，对她的指令，我们必须服从；对她的要求，我们一定要满足。她永远是正确的，错的一定是我或女儿。她对女儿的要求很高，学习成绩只能上升，绝对不能下降，如果出现成绩波动，她就不停地指责、羞辱，甚至动手打骂。遇到这种情况，我心里特别难受，总想保护女儿，但老婆指责我说：'你是女儿不成才、不成器的罪魁祸首。'在家里，我与女儿都是弱者。面对越来越专横的老婆，我感到无能为力，真想找个机会释放长久压抑在内心的郁闷。

"这次期中考试，女儿发挥不佳，成绩出现了较大幅度的下滑，老婆就不停地指责女儿说：'你懒得像头猪，笨得像头牛，像你老爸一样没出息。'她还刻薄地嘲讽我说：'你把女儿含在嘴里怕化，捧在手里怕摔，女儿就是被你惯成了废物。'那天，我实在是忍无可忍了，一气之下，打了女儿一巴掌。事后我非常后悔，我怎么可以打女儿？但我不明白，为什么我打的不是老婆却是女儿？"此刻，戴老师的表情非常痛苦。

"戴老师，我能理解你此时的心情，你恨的是刻薄无情的老婆，却将愤怒的巴掌打在了怜爱的女儿脸上。你的内心充满鲜明的爱与恨，在表达时却发生了错位。面对一个蛮不讲理、令你愤怒的老婆，你有过离开她的想法吗？"我明确提问。

"离开？你是指离婚吗？我不想毁了这个家。我从小没有父母，知道家庭对一个人来说有多重要。我老婆的态度虽然非常强势，但在我的记忆中，她像我妈妈一样。在严厉的妈妈面前，我只能接受与服从，既不敢表达，更不敢对抗。所以在老婆面前，我不愿违背她的意愿，就像不能违背妈妈的指令一样。因为我从小在叔叔家生活，寄人篱下，担惊受怕地看别人的脸色行事，这大概也就养成了我胆小、自卑、懦弱的性格。谈恋爱时，遇到这种大胆、霸道、果断、自主的人，我还是比较欣赏并愿意接受的。因为我觉得，她的性格与我的性格可以互补，以后在外面遇到麻烦事，她会有保护家庭安全的担当。但万万没有想到，在这样的老婆眼中，我就是一个一文不值的无能废物。"他说出了自己悲凉的童年经历和失望的婚姻状态。

"你了解你老婆原生家庭的情况吗？我是指她与她爸爸、妈妈及兄弟姐妹的关系如何？"

戴老师无奈地说："不要提了，我老婆家的情况也是非常糟糕的。她爸爸刑满出狱后，没有找到一个满意的工作，也没有一份稳定的收入，在家中既没有地位，也没有话语权，一切都由她妈妈掌管。她爸妈在一起，要么争吵，要么不说话。兄弟姐妹四人在没有安全感的环境下长大，既没有父爱的呵护，也缺乏母爱的温暖。我老婆的性格与她妈很像，一辈子活在唠叨、抱怨和愤怒之中。"

"现在看来，你们双方的家庭因素在你们各自身上都留下了明显的烙印。因为你从小生活在没有父母的家庭里，缺乏受保护的环境，这让你学会了胆小的顺从和自卑的依赖；而你老婆成长在充满冲突的环境中，这让她成为其母亲的翻版。你们目前不和谐的家庭关系也在你女儿身上显现出来，她离家出走是为了表达对父母的不满和对家庭的失望。在老婆面前，你是顺从的丈夫；在女儿面前，你又想成为勇敢的父亲，但你做不到，所以，充其量只能成为女儿的同伴。你无法应对强势的老婆，只能将愤怒的情绪转向与自己一样弱的同伴。这大概就是一巴掌打在你女儿脸上的原因。"我从家庭环境对一个人成长的重要性上做了分析。

"我知道，我与我老婆的原生家庭都存在问题，所以，这不仅影响了我们各自的性格，还导致了目前家庭的不和谐，对女儿也产生了不良的影响。那怎么办呢？"他希望我给出解决问题的具体办法。

"性格的形成受到先天因素和后天因素的双重影响，概括起来主要有遗传、环境和教育三大方面。遗传是影响性格的重要因素，比如一个人的相貌、身高、体重等生理特征，会因社会评价与自我意识两方面的作用，直接影响到自信心、自尊心等性格特征的形成。要想重塑性格是一个复杂、艰巨的工程。简单地说，假如我们无法摆脱遗传因素，那就力求改变环境影响；假如我们无法脱离环境影响，那我们就力求接受良好的教育。在客观条件不理想的情况下，我们就要从主观意识上摆脱恶劣环境，排除消极影响，寻找优质资源，收获最佳效应。"面对我的进一步分析，他摇摇头说："好复杂哦！"

"我觉得，大道理你一定明白，父母是孩子的榜样，孩子是父母的影子；家庭是孩子成长的摇篮，孩子是家庭未来的希望。假如你明白了孩子、父母和家庭的相互关系，就要花力气修复亲子关系，营建家庭港湾。就目前的情况来看，我的建议是：你和你老婆通过正规的心理咨询，先改善各自性格中存在的某些缺陷，修复夫妻关系，创造一个彼此尊重、和谐有序的家庭氛围，然后，帮助孩子在接受父母的基础上回归家庭，平和生活，提高学习成绩。"

戴老师下意识地摇头叹气说："我可以接受心理咨询，但要说服我老婆，那是不可能的。"

面对缺乏勇气又没有信心的戴老师，我只能选择沉默等待或主动转介①。

[聆听手记]

心理咨询可以帮助来访者澄清问题，让他在黑暗中找到光明；也可以帮助绝望者找到生命的价值，放弃自杀的行为。有人说，假如你郁闷，请找心理咨询师打开心结；假如你痛苦，请找心理咨询师消除烦恼；假如你悲伤，请找心理咨询师抚慰心灵，但不是所有问题都可以通过心理咨询得到解决，因为它不是万能的。

心理咨询有时可能会产生快速缓和来访者情绪的神奇功效，但更多的时候，则是一个缓慢的治疗和修复的过程。心理咨询师与来访者需要谨慎、负责地对待咨询过程，遇到阻抗②，出现移情等情况时，心理咨询师的正确做法是及时终止或合理转介。

---

① 转介，指在咨询时，心理咨询师如果发现自己与求助者有明显不相适宜之处，或发现自己确实不善处理时，就应以高度的责任感和良好的职业道德，尽快将求助者转介给其他更合适的心理咨询师，或及时中止，推荐其去寻找更有效的帮助。

② 阻抗，指来访者在心理咨询的过程中，以公开或者隐蔽的方式否定心理咨询师的分析，拖延、对抗心理咨询师的要求，从而影响咨询的进展，甚至使咨询难以进行的一种现象。

后 记

2014—2015 年两年间，我和同事合作相继出版了《怎样读懂学生——心理特级教师的建议》《读懂初中生——心理特级教师的咨询手记》《读懂小学生——心理特级教师的咨询手记》三部心理咨询案例集，受到读者的好评，多次重印。不少教师朋友建议我就教师心理问题写作新书。经过认真准备，2016 年我与王震老师合作撰写了本书。

从教师在专业发展、人际关系、婚姻家庭和个人成长等方面存在的众多困惑中，我们遴选出 48 个典型案例做了深入剖析，希望能给被类似问题困扰的教师以心理指导。文中姓名均为化名，如有雷同，纯属偶然。

我从 1993 年涉足学校心理教育领域起，就将资深心理专家林孟平教授的教诲铭记于心，她说："心理咨询是助人自助、功德无量的事业。"20 多年过去了，我在心理咨询的工作中逐渐成熟，为帮助每位来访者而尽心尽力。

感谢给予我们关心和支持的所有朋友。特别感谢我的合作者王震老师，我们一起讨论了大量生动、丰富、有价值的案例，让本书充满真实性与可读性；感谢张海燕教授的厚爱与支持，她在百忙中为我们写推荐序，为本书做了精准的定位；感谢编辑李玲女士，她认真与严谨的工作态度，带给我们很多感动。

杨敏毅

2017 年 2 月于逸仙楼